나를 중독시킨
한마디
괜찮아

나를 중독시킨 한마디 괜찮아

2019년 6월 10일 초판 1쇄 발행

지은이 김경진
펴낸이 윤영진
편 집 함순례
홍 보 한천규
펴낸곳 도서출판 애지
등록 제 2005-000005호
주소 34570 대전광역시 동구 대전천북로 12
전화 042 637 9942
팩스 042 635 9941
전자우편 ejiweb@hanmail.net

ISBN 978-89-92219-82-2 03810

이 도서의 국립중앙도서관 출판예정도서목록(CIP)은 서지정보유통지원시스템 홈페이지(http://seoji.nl.go.kr)와 국가자료종합목록 구축시스템(http://kolis-net.nl.go.kr)에서 이용하실 수 있습니다. (CIP제어번호 : CIP2019021593)

나를
중독시킨
한마디
괜찮아

김경진

프롤로그

투병을 하다 끝내 떠나버린

아내의 곁을 지키며 나는

끝없이 무너지고 엎어졌다.

이제 겨우 나로서 살아야겠다는

시간 속으로 걸어 들어가고 있다.

내가 나를 먼저 치유하지 않고서는

어떤 것도 의미가 없다는 작은 이유를 끈으로 잡고 있다.

"내가 답이다. 나는 나를 믿는다"

쉼 없이 중얼거리면서 산다.

이제 다시 시와 산문의 경계를 허무는

에세이집을 낸다.

삶은 끊임없이 경계에 서고

경계를 허무는 일임을 깨닫는다.

시적 치유 감성의 에세이가

모든 이들의 마음의 경계선을 무너뜨려주기를 바란다.

나를

중독시킨

한마디

괜찮아

차례

3. 잘하려 하지마. 그냥 살아보자

4. 삶의 맛

1

심장에 등을 달다

'보고 싶었어' 라고 하면

'응, 나도' 라고 짧게 수긍해주는

사이면 되는 거야.

낮은 사랑

조금만 사랑해볼게요.
급하지 않게, 넘치지 않게
줄만큼 주고 받을 만큼만 받을게요.
한 걸음 떨어져서 걷고
한 팔 정도의 사이를 두고
곁에 있어볼게요.
똑바로 눈 마주치지 않고
비스듬히 같은 방향으로 서서
마음이 무장해제 될 때까지
기다려봐야겠어요.
시작은 누구나 어색한 것이어서
쉽사리 자신의 벽을 낮추지 못해요.
없는 듯 있는 사람이 돼 볼게요.
무모하게 기다린다고는 못하겠네요.
무조건 사랑해보겠다고도 하지 말아야겠어요.
작은 시간들을 공유하면서
어디로 가고 어디로 오는지
멀찍이 보고 있을 겁니다.
약간만 더 사랑해볼게요.

평범한 연애

나는 특별해야 한다는 생각이 상대방을 멀어지게 합니다.
내가 아닌 상대가 특별해져야 연애는 시작된다는 것을
간과하고 싶지 않아요.
가슴에 착착 앵기고 혀끝 알싸하게 느낌이 들어와야
맛있는 연애지요.
별난 이벤트가 없어도 좋아요.
만들어진 로맨틱이 아니기를 바래야 해요.
그에게 모든 시간이 마춰되어 있으면 됩니다.
내가 나만을 위해 먹고 마시는 것이 아니라
그를 향해 전력으로 다가가기 위해
힘을 모으는 차원의 음식 섭취라고 믿어요.
그렇게 모든 순간, 모든 시간의 존재가
그로부터 시작되는 참된 연애에 빠져들고 싶습니다.
내가 바라는 연애는 이렇게 치밀하게 평범하답니다.

너에게

'보고 싶었어' 라고 하면
'응, 나도' 라고 짧게 수긍해주는
사이면 되는 거야.

한 걸음 떨어져서 걷고

한 팔 정도의 사이를 두고

곁에 있어볼게요.

똑바로 눈 마주치지 않고

비스듬히 같은 방향으로 서서

마음이 무장해제 될 때까지

기다려봐야겠어요.

시작은 누구나 어색한 것이어서

쉽사리 자신의 벽을 낮추지 못해요.

설렘에 대한 소회

비는 밤새 제 할말을 다하고 있습니다. 멈출 수 없는 말의 끝에 이를 기세를 그만 두지 않고 있어요. 침대의 끝과 끝을 뒹굴며 나는 빗소리의 언어를 습득하려 노력했답니다. 거침없음을 배워야 했지요. 감추기 위해 애쓰며 살지 말라고. 정작 나 아닌 내 모습을 만들어 내서 진지하지 않은 진지함에 빠지지 말라고 빗소리에 섞여 밤을 세우고 말았어요. 파도 소리와 빗소리의 절묘한 화음에 호응한 채 설렘이 없어진 삶의 한 조각을 끼워 맞추며 검은 바다 위를 표류했답니다. 짙은 밤을 심장으로부터 전송하며 두근거림을 받아들이기로 했지요. 다시 생의 한 축을 세우는 것, 설렘주의보가 내려진 여명을 맞이합니다.

심장에 등을 달다

헐렁하게 옷을 걸치고 나선 탓이라고 자책했어요. 화사하지 못해도 좋았습니다. 선명하지 않아도 됐습니다. 뒤돌아 보면서 주저하지 않기를 바랬습니다. 이제 사랑을 하고 싶다는 말이 품은 수줍은 절규에 스며들고 있습니다. 함부로 사랑을 꿈꿀 수 없었던 시간이 순식간에 심장에서 튀어나가더군요. 언제든 나도 나만의 사랑을 할 수 있었음에도 자격을 포기했던 거였어요. 소름이 돋았고 닭살처럼 속옷 밑이 간지러워졌답니다. 마음 흔쾌해지는 떨림이었습니다. 하고 싶다고 이뤄질지는 알 수 없으나 시도하지도 않고 멀리 떨어져 있으려 했던 내가 어이가 없어졌지요. 진심을 던져 속절없어져야겠습니다. 잃을 것이 남아 있었나 봅니다. 거절될까 겁이 났었나 봅니다. 무모해질게요. 내키는 대로 가야겠어요. 망설이고 사리를 따지다 사랑에 투신할 시점들을 놓쳤습니다. 많이 늦었네요. 이제 늦음으로부터도 벗어나렵니다. 사랑은 기다리는 것이 아니라 만들어가는 것이니까요. 진득한 사랑을 위해서 곁에 있는 사람에게 온전한 나를 보여주어야 합니다. 그리하여 거짓없이 내 안으로 이끌어야 한다는 것을 온종일 품고 마음이 엉켜있었어요. 심장에 불 등이 켜지고 말았습니다. 뜨거워요.

느린 시작

모르고 지나치면 후회할 기회마저 놓치고 맙니다.
순간을 놓치고도 알아채지 못합니다.
알아야 후회도 합니다.

목을 잔뜩 움츠린 단발의 머리가
찬바람에 오메기떡처럼 뭉치는데
뭉클, 심장이 진자운동을 했습니다.
다가가 팔을 최대로 벌리고 싶어졌지요.
바람의 길을 등 뒤로 돌려줄 수 있는
가장 적절한 방법이었으므로.

찰나를 바라보게 되었을 때 삶의 눈이 바뀝니다.
순간이 전부를 품게 됩니다.
삶이 방향을 찾게 되는 것이지요.
가벼운 걸음으로 다가가 마주 보고 섭니다.
크게 웃지 못하고 입꼬리를 살짝 올리며
들키지 않도록 머리카락을 추켜세웁니다.

느린 시작이었네요.

망설이고 사리를 따지다

사랑에 투신할 시점들을 놓쳤습니다.

많이 늦었어요.

이제 늦음으로부터도 벗어나렵니다.

사랑은 기다리는 것이 아니라 만들어가는 것이니까요.

진득한 사랑을 위해서 곁에 있는 사람에게

온전한 나를 보여주어야 합니다.

그리하여 거짓없이 내 안으로 이끌어야 한다는 것을

온종일 품고 마음이 엉켜있었어요.

심장에 불 등이 켜지고 말았습니다.

어떤 동행

어딘가에서 밥을 먹고 커피를 마시며 있을 거예요.
또 어떤 곳에선 끝도 없는 이야기를 주고받으며
떠돌고 있을 거예요.
차를 타기도 하고 잔걸음으로 걷기도 할 겁니다.
잔파도에 발목을 담그고 앉아
엉덩이가 젖는 날도 있을거예요.
멈추지 않고 반복되는 노래를 들으며
갈피를 잃는다고 문제될 것도 없지요.
너를 향해 있는 전부의 시간이기 때문입니다.

첫 맛

첫 숟가락, 첫 젓가락질이 식사의 만족과 불만을 결정합니다.
첫 대면에서 받은 인상이 지속가능한 관계의 여부를 판단하듯
맛에 대한 평가도 첫 맛이 좌지우지 하는 거랍니다.

간혹 첫인상의 오류가 일어나
실망한 나머지 단절에 이르기도 하지만
대체적으로 처음의 강렬함은 지워지지 않는 편입니다.

달달하지 않았으면 좋겠어요.
맵지도 않았으면 좋겠어요.
맑고 담백한 지리국물처럼
끓고 있는 보임만으로 맛을 판단할 수 없어서
반드시 입으로 가져가고서야
맛이 음미되어 식단의 품격을 이야기 할 수 있어야 합니다.

그대를 만나는 것도 처음을 느낄 수 있도록
검지 손가락으로 눈썹을 살짝 찍어
혀끝으로 맛을 보고 싶습니다.
살아온 날이, 살아온 생각이 그대의 눈자위 속에
묵혀 있으리라 믿기 때문입니다.

질리지 않고 오래 자주 즐거울 수 있는
맛있는 사람을 만나고 싶습니다.

★

달달하지 않고
맵지도 않았으면 해요
담백한,

그대를 만나는 것도

사랑, 너뿐이다

손 나팔로 이름을 불러봐도 파도소리만 돌아옵니다.
지나간 사랑이 침전된 물은 파랗게 멍이 들어 있더군요.
방파제에서 파도와 만날 때마다
녹슬지 않는 추억들에게 속절없이 주눅이 듭니다.

모두들 사랑에 대하여 말을 하고 글을 씁니다.
사랑이 전부인 것처럼 둔갑되어버린 세상입니다.
없으면 못 살 것처럼 사랑에 미쳐 있습니다.
사랑이 빠진 영화는 심쿵하지 않아서 밋밋합니다.
사랑이 없는 글은 건조하기만 합니다.

연애하는 사람들이 세상의 주인공이 되었습니다.
연애도 못하는 사람은 세상의 중심에서 밀려나 있습니다.
사랑을 이루는 방법, 사랑을 이어가는 방법을 말하고
이별에 대처하고 적응하고 극복하는 방법에 대하여
누구나 박식해져 있습니다.

정작 살아갈 수 있게 해주는 힘은 연애하는 방법이 아니라
사랑하는 마음에서 오는 안정감일 텐데.
지키고 있는 사랑도 사랑이고 잃어버린 사랑도 사랑일 겁니다.

다만, 다른 이를 사랑한다는 것은 자기에 대한 사랑이
충분해야 가능하다는 걸 잊지는 말아야겠습니다.

취하면 앞뒤 없는 용기가 생깁니다.

망설임이 없어집니다.

깨고 나면 낯붉혀지는 것이 대부분입니다.

그런데도

옳고 그름을 가리지 않게 되는

만용을 부리고 싶어서 술에 자주 취한답니다.

팔짱을 풀고

인연을 잃어버리고 나면 궁금한 게 없어집니다.
함께 이루고 싶었던 것, 가고 싶었던 곳을 향해
아쉬울 게 남지 않게 됩니다.
상실을 말할 기운도 없어집니다.

이별 이후 하나도 괜찮은 건 없었습니다.
괜찮아지지 않는다고 해야 맞습니다.
그러니 원래 맺은 인연이 없었다고
포기하며 나를 달래는 거였습니다.
그러다 보니 정말 괜찮아지는 것 같았습니다.
괜찮아 라는 주문이 앵속처럼 나를 중독시켰습니다.

지금의 나를 만든 괜찮다 라는 주문.
평정을 지키며 살기 위해서 놓쳐서는 안 되었습니다.
'괜찮아. 좋아질 거야. 지금이 나중을 견인해 줄 거야.
습관성 속 쓰림 정도는 꺼리지 말고 지내자.'
그렇게 자조적인 위로를 반복하며
팔짱을 낀 채 오랜 시간을 방관자로 지냈습니다.
무심해져야 정말 괜찮아질 거라 믿었기 때문입니다.

이제 팔짱을 풀어야겠습니다.

괜찮아지기 위해서 움직임을 멈춘 페달을 밟아

시간의 경계를 넘어가야겠습니다.

지켜내지 못한 인연을 보내주고

다른 인연을 받아들여야겠습니다.

1과 1/2초 동안

막상 마주하니 쉽지 않았어요. 그렇다고 무작정 숨을 멈추고 지켜온 기다림을 망각할 여유까진 없었지요. 눈속임을 할 시간도 아니었어요. 허투루 흘려도 될 여분의 순간은 더 아니었어요. 온갖 상념이 떠올랐다 사라지기를 연속하기에 충분한 1과 1/2초였습니다. 격한 바람이 불다 지나갔고 털머위꽃잎이 짙어졌다가 흐릿해졌답니다. 머릿속에 알람이 울렸고 가슴이 파랑에 쓸려갔습니다. 정해져 있는 인연은 없답니다. 운명처럼 짧은 초침이 움직이기 전에 이어지기도 하고 숱한 마주침에도 갈피를 잡지 못하기도 합니다. 파도가 바람에 연결이 되어 있는 것처럼 서로가 끌어들이는 것이 인연이지요. 애월의 검은 해변에 서면 늘 물방울에 머리가 젖었습니다. 손 빗질로 물기를 털어내며 바다에 너스레를 빠뜨려야 했지요. 과장된 너털웃음으로 회복되지 않는 머뭇거림을 상대해야 했기 때문입니다. 1초 동안 망설였고 1/2초가 가기 전에 손을 내밀게 되었습니다. 너무 긴 긴박함이었어요.

눈맞춤

바라볼 수만 있어도 좋겠어요.
보는것만으로도 황홀해서
다른 곳으로 눈을 돌릴 수 없었으면 좋겠어요.
왜 그렇게 빤히 보냐고 물으면
무심한 목소리로 낮게 '그냥' 이라고 말해도
어색하지 않았으면 좋겠어요.
표정을 조작할 필요도 없이
서슴없는 눈맞춤이 부끄럽지 않았으면 좋겠어요.
설레는 입맞춤처럼 아무리 봐도 달달했으면 좋겠어요.
말로 말을 만들지 않아도
서로가 서로의 눈동자에 녹아있는
뜨거운 언어를 읽을 수 있으면 참 좋겠어요

바라봄이 민망하지 않아야 사랑입니다.

한파특보

어김없이 새벽 세 시는 적요합니다. 한파주의보가 발효된다는 뉴스특보를 보면서 보일러의 온도를 올립니다. 정수기에서 따뜻한 물을 받아 꿀물을 만듭니다. 다시 잠을 청하지 못할 텐데 습관처럼 몰려오는 새벽 속쓰림이라도 달래야 합니다. 자꾸 불길한 꿈이 꿔집니다. 꿈이 현실이 되거나 현실을 전조한다고 믿지 않아요. 하지만 되풀이 되는 악몽은 기분이 좋지 않답니다. 걱정을 그대로 마음에 품고 잠자리에 들어서 나쁜 기운이 꿈속으로 파고들어온 걸 겁니다. 좋은 생각을 하고 좋은 것을 보고 맛있게 살겠다고 말버릇을 만들었지만 그렇게 하고 싶다는 집착이 지나치게 작용했나 봅니다. 하려고 하는 것도 정도껏 집중을 해야겠어요. 억지를 쓰면 역효과를 가져오기 마련이지요. 커튼을 젖히고 창밖을 향해 섭니다. 손아귀에 들린 컵의 온도가 몸 속으로 침투합니다. 온기를 받아들이며 차갑게 빛나는 가로등에 시선을 고정시켜 놓습니다. 불빛 사이로 달무리처럼 성애가 끼어있습니다. 한파주의보가 발효된 새벽 세 시가 얼고 있습니다. 혼자 있는 시간이라고 모두 외롭다고 할 수 없지요. 자발성이 있고 없음에 따라 외로움과 고독은 달라진다고 믿어요. 혼자이고 싶지 않음에도 혼자 있어야 하는 상황이 오래되면 외로움이 되지요. 고질적인 외로움은 병이 됩니다. 반면에 복잡한 현실이나 풀리지 않는 문제들에 직면한 상황을 해소하기 위해 사유의 시간으로 들어가는 고독은 사고의 폭을 넓히고 새로운 질서를 창출해내는 창조적 고립이랍니다. 외로움은 감정을 정화시켜줘야 병이 되지 않습니다. 고독은 정신을 정화시켜가는 자발적 인내가 성숙되는 시간입니다. 겨울을 함께 추워할 사람이 있었으면 좋겠습니다. 외롭지 않은 고독을 함께 나눌 사람이 있었으면 좋겠습니다. 눈발 날리는 창밖을 말없이 어깨 기대고 바라볼 수 있는 따뜻한 어깨를 가진 사람이면 좋겠습니다.

이별 이후

하나도 괜찮은 건 없었습니다.

괜찮아지지 않는다고 해야 맞습니다.

그러니 원래 맺은 인연이 없었다고

포기하며 나를 달래는 거였습니다.

그러다 보니 정말

괜찮아지는 것 같았습니다.

괜찮아

라는 주문이 앵속처럼

나를 중독시켰습니다.

사랑을 지우는 법

지나간 사랑에 빠져서
다시 사랑을 해야겠다는 생각을 하지 못했습니다.
아픈사랑을 지우기 위해서는
다른 사랑으로 덧씌우는 것이
가장 빠를 수 있다는 것을
미처 깨달을 여유가 없었습니다.
묵힌 상흔을 가진 사람에게서 지나가는 한숨처럼
'이제 사랑을 하고 싶다.' 는 말을 들었을 때
심장이 요동을 쳤습니다.
나도 이제 사랑을 할 수 있을 것 같습니다.
사랑을 해야겠습니다.
정신을 잃도록 몰입이 되는 뜨거운 사랑을.

너란 일기예보

무심코 나섰는데 눈이 오고 있네요. 바닥이 하얗습니다. 지나간 사람들의 눈발자국이 분분히 찍혀있네요. 이른 아침 눈이 와도 상관없이 해야 할 일들을 찾아 나섰을 겁니다. 겨울이니까 춥고 눈이 온다고, 별일 아니라고 눈발 날리는 날의 낭만을 모른 척했을 겁니다. 귓가를 스치며 내리는 눈의 싸한 촉감에 눈을 감아봅니다. 남아있는 연차휴가라도 쓰고 마량의 방파제로 가볼까, 심란해집니다. 나가야 할 사무실이 있고 나가서 해야 할 일이 있는 일터를 갖고 있어서 다행이라는 데는 아무런 이견이 없습니다. 지금 누리고 있는 최고의 축복이지요. 눈 내리는 이른 아침의 풍경이 마음을 흔들 뿐일 겁니다. 흔들릴 때마다 마량의 바다를 향해 갔었지요. 방파제의 끝에 우두커니 서서 등대처럼 수평선을 향해 한참을 굳어 있다 보면 격정이 꼬리를 말고 파도에 부서지는 것이 좋았습니다. 겨울바다의 황망한 바람 앞에 맨 몸으로 서 있다 보면 가지고 있는 근심들이 하찮아졌습니다. 낮게 흐느끼며 어깨를 떨어도 부끄럽지 않았지요. 깃털처럼 흩어지는 눈을 맞으며 아무래도 새로워지고 싶은 모양이네요. 이전과는 전혀 다른 나로 살아보고 싶은가 봅니다. 지난밤 얼큰하게 취해 들었다 놓은 핸드폰을 확인해 봅니다. 다행이네요. 통화버튼을 누르지는 않았습니다. 취하면 앞뒤 없는 용기가 생깁니다. 망설임이 없어집니다. 깨고 나면 낯붉혀지는 것이 대부분입니다. 그런데도 옳고 그름을 가리지 않게 되는 만용을 부리고 싶어서 술에 자주 취한답니다. 그때만큼은 세상에 존재하는 어떤 생명체보다도 우월하고 행복하기 때문입니다. 아무리 그렇다 하더라도 치고 들이밀 시의적절함을 간과해서는 안 된다는 것을 경험치로 알고 있지요. 아직은 나를 완전히 드러낼 때가 아닙니다. 메시지를 확인해 봅니다. 나에게 한 건 와 있네요. 내가 나에게 쓴 단문입니다. 〈사랑해볼까 말해보고 싶지만 용기가 나지 않는다.〉 싱겁게 웃고 맙니다. 하고 싶은 대로 하며 살아도 된다고 없는 만용을 잔뜩 불어넣다가도 정작 덤벼들어야 할 때에는 고개를 숙이고 맙니다. 빛 가루처럼 눈이 내립니다. 너란 일기예보에 적응해가고 싶은 날입니다.

낮술

그대 생각하다
그저 술 한잔 했어요.
세상이 너무나 편해져서 좋았어요.
이대로 그대만 생각하다
밤도 새벽도 끄떡없이
유순하게 흐를 것 같아요.
그대를 향해서 이렇게 갈게요.
숨도 쉬고 한눈도 팔면서
급할거 하나도 없단 듯이.
하지만 해야 할 모든 힘을 다 쏟아 부으며
갈 수 있는 최대의 속도를 낼게요.
나의 빠르기에 겁내지 말아요.
그대는 그대의 속도를 지켜요.

투명인간

보이지 않아서 좋은 사람이 있습니다.
안 보였으면 하는 사람이 있습니다.
곁에 없을수록 편안한 사람이 있습니다.

보고 싶어도 보이지 않아서 애타는 사람이 있습니다.
찾으려 애를 쓸수록 종적이 묘연해져
안타까운 사람이 있습니다.
시간이 아무리 멀리 가도 점점 더 보고 싶은 사람이 있습니다.

보기 싫어서 안 보여 좋은 투명인간.
보고 싶어 죽겠어도 안 보이는 투명인간.
당신은 당연히 후자일 테지요.

빠르지 않게, 느리지 않게

너에게 가는 속도가
빠르지 않았으면 좋겠습니다.
머릿속에 그려가고 있는 그림과 같았으면 좋겠습니다.
지나치는 것 없이, 느낌이 생동하는
적당한 속도.

너에게 빠져드는 속력이
느리지 않았으면 좋겠습니다.
나서야 하는 때보다 마음이 느려지면
뜻하지 않은 오해를 불러와 가는 길이 험해지기 때문입니다.
내가 생각하는 너와의 거리가 너도 나와 같았으면
좋겠습니다.

빠르지 않게, 느리지 않게.
너무 라는 말을 하지 않아도 될 마땅한 속도로
멈추지 않고 나는 가고 있을 것입니다.
가을바람같이 산들산들 몸을 흔들면서
가지를 기울여 시간을 가늠하는 나무처럼 느긋하게.

고추냉이

녹색의 맵살스럼이 살맛 나게 합니다.
코끝 찡하게 하는 맛이 사는 맛입니다.

생선회보다도, 물회보다도 초밥을 좋아합니다.
회와 밥의 어울림이 회의 비림을 줄여주고
밥을 술술 넘어가게 해주기 때문입니다.

회는 아무리 신선해도 비리기 마련이지요. 태생적이니까요.
고기가 품은 노릿내와 다를 바 없습니다.
밥은 그 자체로는 밍밍합니다. 씹을수록 아밀라제와 어우러져
달달해지긴 하지만 맨밥만 먹을 수는 없습니다.

날 회와 맨밥의 융합이 초밥이지요.
그래도 완벽한 융합이 되기 위해선 1%가 부족합니다.
궁극의 1%를 채우는 것이 고추냉이입니다.
얼굴근육을 찡그리게 만들고 콧김을 훌훌 불게 만들어주는 맛,
초밥 맛의 완성입니다.

나에게 너는 그랬습니다. 고추냉이였습니다.

인연의 운

노력이 우선 되어야겠지만 노력만으로 충족되지 않는다는 것.
노력은 필요충분조건으로 선행 되어야 의미가 있다는 것.
불편하지만 받아들일 수밖에 없답니다.

사람을 만나는 일도 그렇습니다.
우연은 없습니다.
사람과 사람이 얽힌 관계를 가진다는 것은
필연을 가장한 우연입니다.
좋은 사람을 만나기 위해 아무리 노력해도
운이 나를 선택해주지 않는다면
지난하고 막막한 노력일 뿐일 테니까요.

인연은 팔할이 운입니다.
찾는다고 찾아지지 않는 것이 아름다운 인연입니다.
운도 시기와 장소가 적절하게 조화되어야 누릴 수 있습니다.
두리번거리며 손을 내밀어도 빈 손일 때가 허다합니다.
끊임없는 노력이 운을 불러오고
어느 날 문득 손에 다른 손이 들어온다는 것.

단단한 인연은 노력과 운이 겹쳐야 이뤄집니다.

그리운 건 시간이다

십일월이 시작되면 손가락 끝부터 떨림이 시작됩니다.
눌러두었던 시간의 파장이 기어이 퍼져와 닿기 때문입니다.
오래되어 가는 기억이 모두 희미해지지는 않는 법입니다.
어떤 기억은 더 선명해지고 사무치기도 합니다.
기억이 시간을 붙잡고 놓지 않는 까닭입니다.
가을과 겨울이 밀고 당기기를 시작하는
십일월의 하늘은 잿빛이었다가 맑기를 반복합니다.
영하의 기온으로 시작해 영하의 기온으로 하루를 맺지만
낮 동안은 노곤해지도록 햇살의 기운을 보내줍니다.
십일월은 계절의 경계이고 간절기입니다.
시간의 변곡점입니다.
바뀜을 준비해야 하는 시기입니다.
변하는 환경에 맞춰갈 준비를 해야 합니다.
그렇지만 몰려드는 그리움을 떨쳐낼 수가 없습니다.
십일월의 변덕에 적응이 되지 않습니다.
숨어 있다가 서서히 번져오는 그리움이 살아있습니다.
덮어버릴 수 없이 그리운 건 함께했던 시간입니다.

화상

뜨겁지 않은 사랑이 어디 있겠는가.
불타지 않았던 사랑이 있기나 했는가.
지금하고 있거나 지나갔거나 사랑에 데이면
영영 자국이 남는 화상을 입습니다.

너를 느낀다

겨울비가 오는 날에는 낮술이라도 해야겠습니다.
그런 날입니다. 비로소 나를 느끼듯 너를 느끼는.
이런 날이 많지 않아서 다행이기는 합니다.
젖고 젖은 축축함이 나를 까라지게 합니다.
그래도 간혹 찾아오는 무게가 오늘은 싫지 않은 날입니다.
이런 가라앉음도 드문드문 오면 좋습니다.

사랑한 깊이처럼, 사랑한 시간만큼
너를 느끼고 있는 심장에서 부풀어오르는 사랑의 거품이 큽니다.

사람을 만나는 일도 그렇습니다.

우연은 없습니다.

사람과 사람이 얽힌

관계를 가진다는 것은

필연을 가장한 우연입니다.

좋은 사람을 만나기 위해

아무리 노력해도

운이 나를 선택해주지 않는다면

지난하고 막막한 노력일 뿐일 테니까요.

같지만 다른 말

같은 곳을 보지 않으면 이미 이별은 시작된 거고
같은 자리에서 딴 곳을 쳐다보면 작별은 완성된 거지요.
떨어진 뒤를 두려워하는 미련이 서로를 망칩니다.
앞날을 걱정하다 어정쩡하게 남아야 좋아질 리 없습니다.
정해진 끝의 안타까움을 이어가지 말아야 합니다.
내가 나를 포기 못하듯 접을 수 있는 너도 없음으로.
사랑이 그렇듯 이별도 경험 따라 쓰라림이 작아지지 않습니다.
함께 꾸었던 꿈을 암막커튼으로 덮어야 합니다.
아니다 라고 작심이 설 때가 적기입니다.
사랑에 동정이나 미련이 끼면 삶이 끝도 없이 추락하지요.
나아감을 멈추고 사랑은 애틋한 미력(美力)으로
남겨야 할 때입니다.
완벽히 나도 너도 없지 않으면 사랑이 아닙니다.

늦은 그리움

어딘가에서는 첫눈이 내리고 있다는 소식을 듣습니다.
이곳은 물방울을 튕기며 차들이
젖는 겨울비가 오고 있답니다.
머리를 적시는 빗방울을 손바닥으로 훔치며
다른 한 손으로 입을 막았습니다.
적응되지 않는 슬픔을 틀어막았습니다.

헝클어진 머리카락을 따라 냉랭하게 흘러내리는
첫눈 같은 십일 월 말의 비는 쌉쌀하고 날이 서 있습니다.
심장을 찌르고 들어와
발바닥을 관통하고 아스팔트를 뚫어댔습니다.
늦은 그리움입니다.

겨울비가 딱딱하게 오고 있다는 소식을 띄웁니다.
그러나 첫눈이 내리는 공간과 다르지 않다고 전합니다.

어딘가 시간을 다투며 가지 않아도 될 때가 편합니다.
조금 늦게 가도 되기 때문입니다.
나와 한 나만의 약속시간은 정확히 지키지 않아도 된답니다.
누군가 기다리고 있다는 부담이 없어

마음이 쾌적하기 때문이지요.

흠씬 젖은 그리움 속을 파고듭니다.
다른 시간 속으로 가서 한껏 해찰해도
눈살 찌뿌릴 필요가 없습니다.
"너에게 가는 길은 서두르지 않아도 서툴러서
이런 시간 속에 처박혀 있는 것도 꽤나 좋다."

방법이 없습니다.

엇갈린 인연의 끈은

나뭇잎처럼 떨어지기만 했습니다.

고스란히 내가 져야 할 운명입니다.

절름거리며 힘에 겨워도 외면하지 못할 숙명입니다.

손등을 뒤집어 바닥으로 입술을 훔칩니다.

끈적해진 침이 묻어 나옵니다.

복받치는 슬픔에 체온이 가열 됩니다.

전하지 못한 말들의 마디가 동강나고

닳아서 다 헤지도록 뜨겁습니다.

손가락을 깨문다

떨어진 나뭇잎을 피하며 걷다가 불현듯 입을 막았습니다. 터져 나오는 눈물은 눈으로 나오는데 손등으로 입이나 막아 보는 겁니다. 소리라도 흘리지 않으려고. 먼 곳으로 피해도 봤습니다. 지척까지 가서 눈을 마주쳐도 봤습니다. 방법이 없습니다. 엇갈린 인연의 끈은 나뭇잎처럼 떨어지기만 했습니다. 고스란히 내가 져야 할 운명입니다. 절름거리며 힘에 겨워도 외면하지 못할 숙명입니다. 손등을 뒤집어 바닥으로 입술을 훔칩니다. 끈적해진 침이 묻어 나옵니다. 복받치는 슬픔에 체온이 가열됩니다. 전하지 못한 말들의 마디가 동강나고 닳아서 다 헤지도록 뜨겁습니다. 그리움이 엉켜 손가락에 쥐가 납니다. 살아남은 평생 품어야 할 그리움을 깨뭅니다. 손가락 끝이 아립니다. 오른쪽으로 찌그러진 입술을 오므려 아린 엄지 끝을 빱니다. 진한 회한이 단물처럼 빨려 나옵니다. 지치지 않는 사랑이었습니다. 멈출 수 없는 사랑을 까무룩히 지킵니다. 익숙한 바람이 나뭇잎을 쓸어 갑니다. 걸음을 그만두고 주저앉아 무릎으로 보도블록을 쓸어줍니다. 앞으로 가려고만 하지 않을게요. 멈춰서 가만히 그대로 얼음이 되기도 해야 할 때가 있어요. 손가락을 깨물어 피가 나도록 숙연해야 속절없는 사랑에 대답하는 길입니다.

준비 없는 이별

언제든 길을 나설 수 있으면 좋겠지만 그럴 수가 없습니다. 사정들이 많기 때문입니다. 시간이 안 맞고 돈도 넉넉하지 못합니다. 가고 싶은 곳과 마땅히 그날에 맞춰 교통편이 받쳐주지 않습니다. 짐을 챙겼다 풀어야 할 때도 있습니다. 급박하게 발생한 일정이 맥을 풀리게 합니다. 회의니 교육이니 워크샵이니 다 먹고 사는 일을 그만두지 않을 바에는 목을 메고 우선 참석해야 합니다. 여럿을 위해 일을 해야 한다고 자위를 하지만 실상 나 하나를 위해 일하고 있다는 것을 압니다. 현재의 지위와 경제력을 유지하기 위해서 그리고 은퇴한 이후의 넉넉함을 위해서 일에 얽매여 있습니다. 그렇다고 죽도록 싫은 것은 아닙니다. 지겹지만 괜찮은 일을 하며 삽니다. 끔찍하게 싫었다면 진작 그만두었을 것입니다. 입으로는 힘들어, 귀찮아, 피곤해 하지만 대부분 자신이 하고 있는 일을 사랑하고 만족합니다. 그렇지 않다고 하는 말은 거의가 거짓말입니다. 하기 싫지만 하는 것도 결국은 하고 싶은 맘이 앞서기 때문에 하는 겁니다. 완전하게 혼자 살게 된 시간이 제법 됐습니다. 여행을 미리 준비하지 않고도 마음이 동하면 바로 떠날 수 있는 여건이 갖춰졌습니다. 누군가를 동행자로 삼아야 하거나 무리를 지어 여럿의 시간에 맞춰줘야 할 필요가 없어졌습니다. 홀가분히 배낭 하나 등에 걸치면 준비는 끝이고 현관문을 열고 나서면 바로 여행이 시작됩니다. 어쩌면 일상 자체가 여행입니다. 집을 벗어나 가는 모든 곳이 여행지나 다름없습니다. 준비 없이 당한 이별처럼 낯설지만 새롭습니다. 이별을 준비하고 계획하는 사람은 없습니다. 어쩌다 이별을 해야 하거나 이미 이별에 직면해 있는 경우가 많습니다. 아무 때나 아무렇지 않게 떠나는 여행처럼 이별을 해야 할 때 당황스럽지만 받아들일 수밖에 없습니다. 사랑만큼 이별도 운명이라고 혹은 숙명이라고 높여 불러야 합니다. 사랑이나 이별이나 새로운 환경으로 들어서는 여행입니다. 항상 준비하지 않고 떠날 수 있는 여행처럼 이별도 각별하지 않다는데 한 표를 던집니다.

겨울비가 오는 날에는
낮술이라도 해야겠습니다.
그런 날입니다.
비로소 나를 느끼듯 너를 느끼는.
이런 날이 많지 않아서 다행이기는 합니다.

사랑할 때와 이별할 때

사랑할 때와 이별할 때는 비슷하지요.
불안과 떨림이 지배합니다.
바닥이 없습니다.
공중부양을 하는 듯 붕 떠 있습니다.
걱정이 온전한 정신을 방해합니다.
내가 내가 아니고
오늘이 오늘이 아닙니다.
어제도 오늘 같고 오늘이 내일 같습니다.
발바닥에서 용트림이 일어납니다.
머리끝 백회혈이 뚫려 용오름을 만들어냅니다.
사랑할 때는 사랑의 깊이를 헤아리지 못하고
이별할 때는 이별의 흔들림을 감지하지 못하지요.
내가 없는 부재의 형용사가 남발됩니다.
불규칙한 감정의 속도가 높아집니다.
부정형의 자아가 혼돈을 출산합니다.
이별할 때와 사랑할 때
열렬히 존재감이 타오릅니다.

커밍아웃(coming out)

나는 사랑을 사랑합니다.
나는 그칠 수 없이 사랑을 합니다.
나는 멈출 수 없는 사랑을 하고 하고 합니다.
나는 사랑입니다.

목도리

그대의 목도리가 되고 싶어요.
펑펑 눈이 내리는 날, 창가에 서서
서늘해진 목에 버건디색 목도리를 두릅니다.
목이 따뜻해야 몸도 따뜻해집니다.
우리가 함께 품었던 속마음처럼
모세혈관에 흐르는 피의 온도가
추워도 응고되지 않는 이별을 간직하고 있대도
그대에게 나는 절정의 한파를 차단해 내는
바람막이가 되고 싶습니다.
부드러운 보풀을 일으켜 훈훈한 온기를
빠뜨리지 않고 그대의 몸 속으로 되돌려 주는
캐시미어 머플러가 되고 싶습니다.

사랑 타령은 그만두자

사랑, 사랑 또 사랑.
삶의 소재가 그것만 있는 건 아닐 텐데.
사랑 아니면 할말이 없어진 듯
살 수가 없다는 듯
사랑 타령을 멈추지 않는
나도 너도 이젠 지겹습니다.
나 다운 나, 너 다운 너를 찾아 삽시다.
사랑은 삶의 조건 중 일부지
최상위 포식자가 아닙니다.
엇나간 개념의 타령은 그만두자구요.
사랑을 못하면 조금 불편하고
텅빈 듯 허전하지만
못 살 일도 아닙니다.
사랑 그 늪에 빠져 죽겠단
시늉은 이제 그만합시다.

약속

오늘 조금 슬펐어.
너를 보고 오면 좋아질 거 같았어.
돌아 나오면서
세상의 끝에 섰지.
밀려 떨어지면 올라오지 못할.
이젠 슬퍼도 가지 않을까 해.
잊겠다는 약속은 잊을게.
잘못된 말은 지켜지지 않아도 될 거야.
많이 아팠어 오늘은
니가 그리워서.

나뭇잎 등

내가 그랬지. 돌아오지 못할 길은 애초에 가지 말자고.
돌아오지 마. 들어서버린 길을,
이미 지나간 길을 지울 순 없을 테니.
다시 내가 말할게. 벌어진 간격은 당길 수 없어.
멀어진 거리만큼 애증도 자라서
서로를 키웠던 애틋함이 아무런 소용이 없어.

등불이 되겠다는 나의 약속을 이젠 잊기를 바래.
탯줄을 잘랐던 환희를 동맥을 자르는 고통으로 멈춰.
인연의 등불을 끄기 좋은 날은 없겠지.
나뭇잎 등 아래서 서성이며 가슴 뜨거워져서 왔던 길 돌아봤어.

잊을게. 원망도 버릴게. 일방적인 기울어짐이었어.
용서하자. 서로를. 욱신거리는 가슴의 진자운동을 멈추자.
그리고 마주치지 말자. 낯설어지자.
서로가 서로 안녕하자. 빛 바래지는 나뭇잎처럼 잊혀지자.

시간을 건너며

언제나 지나갈까,
속을 끓이다가 어느덧 멀리 지나왔다는 것을 느낍니다.
누구도 있었고 누군가도 머물다 갔습니다.
그대가 왔고 당신이 스쳐간 듯도 합니다.
애기단풍나무처럼 나는 잎을 피웠다 붉게 물들어왔습니다.
시간은 그랬습니다. 멈춘 것 같지만 서두르지 않았을 뿐.
지치지 않고 나아갔던 것입니다.

어느덧 이란 말 속에 희한한 개운함이 담겨 좋은 날입니다.
텀블러에 담아 들고 다니던 블랙커피를 쏟아내고
가을비를 받습니다. 시월을 보내주기 아쉬워 담습니다.
은행잎이 나풀대며 텀블러 입구에 걸립니다.
노래진 시간이 가득 채워집니다.

낙엽비가 내립니다. 단풍비가 옵니다.
화사한 색깔이 발부리에 채이는 나무 그림자 밑에서
아픈 시간을 건넙니다.
격랑 같아서 버거웠지만 돌이켜 보면 잔잔했을 뿐입니다.
보낸다는 건 어렴풋해진다는 것임을
빗방울이 그려놓은 단풍잎 위의 붉은 점들을

손바닥으로 쓸어보며 깨닫습니다.

되돌릴 수는 없어도
무릎이 시린 날씨처럼 회상하며
비로소 건넌 시간이 오붓해집니다.

★

사랑한 깊이처럼, 사랑한 시간만큼
너를 느끼고 있는 심장에서
부풀어오르는 사랑의 거품이 큽니다.

인연의 거리

비록 무뎌졌다고 해서
끝났다고 우길 수는 없습니다.
맺어진 인연은 정리되지 않는답니다.
그래서 멀리 두려 합니다.
운명인 듯 끈적한 인연도
거리를 둘 수 있습니다.
단단해진 마음입니다.

2

나에게로 가는 여정

울컥거리면 참으려 애쓰지 마.

그냥 울어.

창피할 일도 아니야.

남의 눈을 의식할 일도 아니야.

울어야 후련해져.

지금 너를 달래줄 방식이라곤 실컷 우는 것 밖에 없어.

나에게로 가는 여정

나를 찾아가는 여행을 다시 시작해야겠다.
상처를 돌보다 정작 나를 외면하고
다른 여행을 하다 시간을 버렸다.
상처는 생기기 이전처럼 완전히 없어지지 않는다.
어르고 다독이며 옅어질 때까지
함께 공존하는 여행을 하는 것이 바람직한 극복 법이다.
잊고 지냈던 나를 다시 찾아 나서야 할 때가 되었다.
사는 날까지 나는 나여야 한다.
다른 인격체가 나를 대신하지 못한다.
떠나고 떠돌며 여정을 그치지 말자.
바람이 이끄는 대로, 파도가 부르는 곳으로
평원을 지나고 때로는 잔잔한 숲 그늘에 쓰러지며
밑동 잘려나간 그루터기나 되자.
막술 한 컵에 온전한 정신에서 놓여나
가고 있는지 머문 것인지 분간 없이 산개했다
구름처럼 모여 흘러가자.
은사시나무 비늘처럼 찬바람에 떨면서도
하얗게 몸살이 난 빛살이 되어도 나를 찾아가자.

가끔 다르게 살고 싶다

매일 여행사에서 날라오는 메시지가 다르게 살아보라고 유혹을 한다. 저렴한 여행의 가격표와 편의사항 그리고 이색적인 풍광을 담은 사진으로 구매욕을 충동한다. 예약만 하고 결재는 나중에 해도 된다는 굵은 글씨체가 망설임을 무력화 시키고는 한다. 일상을 지키기 위해 삶에 가해지는 변수들에 대항하면서 살아왔다. 반복되는 동일한 패턴의 삶이 안정적이다. 그 안정성이 되풀이 되면서 굳어진 생활이 일상이다. 불완전성과 예측 가능하지 못한 상황들이 개입되는 횟수가 많아지면 일상이 아니다. 지루할 수는 있어도 무너뜨리고 싶지 않은 평온함을 누리며 살아가기 위해서 자신의 영역을 구축하며 살고 있다. 그러나 가끔은 다르게 살고 싶어진다. 일상에 균열을 가해보고 싶다. 같은 시간의 반복, 같은 관계와 환경에 역습을 감행해보고 싶어진다. 그렇다고 송두리째 삶의 방식을 깰 수는 없다. 지금까지 갖은 애를 쓰며 지켜낸 일상을 부정할 수는 없기 때문이다. 자신의 모든 노력과 시간과 열정이 담긴 삶의 방식을 버릴 수는 없다. 잠시의 일탈이 하고 싶다는 것이 맞는 표현이다. 현실에서 빠져나가 다른 시간과 장소와 사람들 속에서 이방인으로 머무는 휴면이 필요하다. 그래서 여행은 다르게 살고 싶은 사람이 손쉽게 선택할 수 있는 일상탈출이다. 카오산로드와 스쿰빗로드를 걸으며 생각을 비우고 짜오강가에서 놀며 생각을 버리려고 시도했다. 잘 비워내도 종류가 다른 생각들이 들어차서 비우다 비우다 포기하고 말았다. 마음에 부담으로 남아있는 생각들은 더군다나 버릴 수 없다는 한계만 깨닫고 버림에 대한 시도를 종료했다. 후덥지근한 바람이 부는 공원의 나무그늘에 앉아 캔맥주를 홀짝이며 적요에 나를 방치하기도 했다. 여행객들이 얽혀 드는 길가 술집에 앉아 맥주 한 병 시켜놓고 멍 때리기도 했다. 다르게 산다는 것이 특별하게 살겠다는 것이 아니다. 내가 나에게 주는 배려였다.

★

일상에 균열을 가해보고 싶다.
같은 시간의 반복, 같은 관계와 환경에
역습을 감행해보고 싶어진다.

생각 비우기를 시작하는 여정에 오르다

따가운 햇빛 아래서 도나우강을 바라보며 가슴 비우기를 하고 온 시간이 고스란히 기억된다. 가슴을 비웠으니 이제 생각 비우기를 시작해도 될 것 같다. 비우기의 힘겨움을 새삼스럽게 체감하면서 살아가고 있다. 채우는 것이 어렵다는 것만 알고 살아왔다. 하나라도 더 가지려고 눈을 부릅뜨고 온갖 힘을 다해 노력하며 제대로 살고 있다고 믿었다. 그러나 막상 비우기를 시작하니 끊임없이 비워도 줄어드는 것이 없다는 것을 알게 되었다. 조금 줄여놓으면 소나기가 내릴 때 마른 도랑에 물이 차듯 어느새 잡다한 생각들이 머릿속을 채웠다. 비움의 과정은 다시 채워지는 것들과의 타협의 과정이 아닐까 여겨진다.

한 가지를 비웠다고 빈 공간이 그대로 비워진 채로 남아 있지 않는다. 다른 생각이 들어차고 또 다른 상념들이 대기를 하고 있다. 상처에 딱지가 졌다고 흔적마저 완전히 사라지지 않는 것처럼 상흔을 덮고 덮어도 겉으로만 단단해졌을 뿐이었던가 보다. 옳지 않은 분노, 괘념하지 않았던 희열, 고개가 가로저어지는 절망, 끝도 없이 치달리는 절정의 욕망. 수없이 많고 다각화된 생각의 편린들은 저마다 자가생존의 길을 선택하고 있는 듯 소용돌이 치며 생존본능의 길을 찾아나선 듯하다.

이제 생각 비우기의 첫 발을 뗀다. 늦은 저녁 방콕으로 향하는 비행기를 탄지 다섯 시간이 조금 지나 눅눅한 습도와 후덥지근한 온도가 유월 어느 날 같은 날씨로 맞이를 한다. 이마에 맺힌 땀을 손등으로 훔치며 묵언의 산책을 하던 낯익은 기후가 지키고 있는 공항에 도착했다. 찬바람이 뼛속으로 들어오기 시작하는 십일월의 기온에 적응되어가던 다섯 시간 전과는 사뭇 낯설다. 금방 적응이 될 것이다. 환경에 민감한 만큼 살기 위해서 스스로 조건을 수용하며 녹아 들어가는 인간의 신체기능은 빈자리를 찾아 드는 상념들의 자리다툼과도 흡사하다. 생각 비우기의 출발이 힘차진다.

★

미안해 말자.

나를 떠난 사람에게

모든 것이 내 잘못으로 인한 사단이었다고

지나치게 낙심하며 시간을 배신했다.

나에게

지금부터라도 많이 울길 바래. 울컥거리면 참으려 애쓰지 마. 그냥 울어. 창피할 일도 아니야. 남의 눈을 의식할 일도 아니야. 울어야 후련해져. 지금 너를 달래줄 방식이라곤 실컷 우는 것 밖에 없어. 엉엉 울어. 그러나 이제부터는 너 아닌 다른 존재를 위해 울지 마. 오직 너를 위해서 울어. 여태껏 너를 향해 사랑을 주지 못했잖아. 지켜내야 할 것들이 많아서 너를 지키는 데는 너무나 소원했잖아. 너를 사랑하지 못하고는 세상의 어떤 존재에게도 사랑 받을 수 없다는 건 불편한 진실이야. 그래서 지금 너의 울음이 길고 질척거린대도 그 눈물은 오롯이 너를 위한 무엇이 될 거야. 그리하여 흘리다 남은 눈물이 있거든 그 눈물의 그릇을 넘겨줘도 무색하지 않은 사랑을 만날 거야. 다른 생을 시작해도 될 때가 올거야. 혹시 모르겠다. 지금 다가와 있는지도.

간절해져야 숙연해 진다

간절함을 일으키는 사연을 무마하기 위해 결행하는 일이 여행이다. 어떤 곳이어도 좋다. 낯선 시간으로 가서 날 서게 자신과 대치해도 좋다. 친숙한 공간으로 가서 편안한 명상에 잠기는 것도 상관없다. 장소는 마음을 따라 정하면 된다. 가는 것 자체가 이미 간절함을 증명해내는 것이다. 여행은 나와 직면하는 시간과 공간을 확보하는 자발적 행동이기 때문이다. 자신을 이해하려는 배려는 중요하다. 결국 행동의 중심에는 내가 있어야 한다. 나와의 거리가 멀어지는 행위는 아무리 좋은 의도가 숨어 있다고 해도 부질없는 허우적거림이다.

멀지 않은 곳으로 왔다. 기껏 추위를 벗어나 며칠 땀을 흘리며 걸어도 될만한 곳을 찾다 방콕 시내에서만 머물며 느슨하게 나를 방임해 보고 싶었다.

미안해 말자. 나를 떠난 사람에게 모든 것이 내 잘못으로 인한 사단이었다고 지나치게 낙심하며 시간을 배신했다. 지금 내 곁을 지키고 있는 사람에겐 소심하고 쑥스러워 좋아한다는 표현을 하지 못했다. 이제 미안하다고 속상해하며 시간을 낭비하지 않기로 한다. 나로부터 시작됐을지는 몰라도 나만의 잘못은 아니었을 것이다. 누구나 잘못을 하고 산다. 미안함에 굴복하기만 해서는 바로 살아갈 수 없다. 완벽한 사람은 있을 수 없다. 그런 사람을 기대한다는 것 자체가 불가능을 꿈꾸는 거다. 허점이 있어야 사람답고 실수를 해야 인간적이다. 그러니 미안해도 미안하지 않으려 한다.

조급해 말자. 간절하다고 곧바로 행할 수 없는 일들이 그렇지 않은 일보다 많다. 눈에 보인다고 서툴게 뛰어들었다가 삶의 뜨거운 맛만 보고 물러나게 된다. 조금 천천히 간다고 닿지 못하는 것은 아니다. 남들보다 약간의 뒤처짐이 있을 수는 있지만 소심하다고 자책할 이유는 없다. 서두르다 망치는 것보다는 늦더라도 꾸준히 가는 것이 옳다. 조급해지면 닿고 싶은 곳에 가지 못하고 자빠진다. 간절하다고 조급함을 포용해주지는 않는다. 서두르지 말자. 가슴을 비웠다고 머릿속 생각까지 금방 비울 수는 없다. 양동이에 컵으로 물을 채울 때를 교훈으로 삼자. 한꺼번에 채워지지 않는다. 한 컵의 물을 부으면 스며들듯 물기만 머금는다. 컵에 찬 물의 부피가 반복해 더해질수록 질량이 늘어나고 입구까지 차오른다. 그 한 번이 하는 역할을 기대하면 된다. 과한 기대는 처음부터 잘못된 시작이다.

진득해야 한다. 엎어진 양동이의 물도 한꺼번에 마르지 않는다. 거꾸로 뒤집는다고 용기에 스며든 물기까지 사라지지 않는다. 볕 잘 드는 곳에 놔두고 한참 기다려야 물기가 빠지고 고슬고슬해진다. 진득하게 참고 기다려야 간절히 바라는 상태에 도달하는 것이다. 숙연히 기다려야 간절함은 답을 해 온다. 채운 것을 비우기 위해서는 합장을 한 손바닥을 더 견고히 붙이고 악착스럽게 자세를 유지해야 한다. 채우는 것을 넘어 비움은 두배의 정신상태를 원한다. 경건해진다. 간절한 것보다 절절해진다.
진땀을 흘리며 방콕의 번화가를 걸었다. 여행자의 천국이라는 수식어를 체감한다. 각양의 사람들이 각색의 모양으로 거리를 활보한다. 누군가는 얻으려 왔고 누군가는 빈 그릇을 갖고 싶어서 왔으리라. 손바닥 탁, 탁 치며 나도 그 속으로 섞여 든다.

삶의 맛

특별한 계획을 세우지 않았다. 꼭 가봐야 할 곳을 정하지 않았다. 정해진 일정을 소화하지 않아도 된다. 하고 싶은 것이 생각나면 하고 불현듯 가고 싶은 곳이 생기면 택시를 잡아 타고 가면 된다. 시간을 맞춰 돌아오지 않아도 된다. 매임 없는 힐링타임의 선물을 나에게 주었다.

느즈막히 일어나서 호텔 조식을 먹고 화장실을 보고 샤워를 하고 마사지를 받으러 간다. 전신 마사지는 활력을 불어넣기 위함도 있지만 오전엔 별달리 하고 싶은 것이 없어서다. 주무르고 누르고 꺾는 손길에 완벽하게 나를 내맡긴다. 압력에 저항하면 안 된다. 누르면 누르는 대로 주무르면 주무르는 대로 받아들여야 마사지의 효과를 누릴 수 있다. 길들여져야 한다. 눌러서 아픈 곳이 몸이 불편한 곳이다. 통증은 압박이 해제되면 쾌감으로 변한다. 반복되는 고통이 시원함으로 전환될 때마다 고통에 중독이 될 만도 하다는 것을 느낀다. 한편으로는 변절된 쾌락이 강할 수 있다는 것을 알아간다. 가뿐한 몸으로 마사지 샵을 나와서 스쿰빗로드를 두리번거리며 뜨거운 햇빛을 머리에 이고 호텔로 돌아온다.

삶의 쓴맛, 단맛은 혀끝으로 느낄 수 없다. 몸만으로도 안 된다.

갖은 경험들이 중첩되고 마음이 단단해져야 느낄 수 있다. 인진쑥처럼 어정쩡한 쓰고 단맛이 반복된다. 두 눈을 질끈 감아야 할 정도로 시고 뇌까지 얼얼하도록 맵다. 피할 수 없다. 삶은 잘 삶아진 고기처럼 술술 씹혀지지 않는다. 질겅거리며 힘을 주어 무한반복의 씹기를 해야 겨우 삼켜진다. 싫은 소리를 들을 때마다 인상을 구기며 피할 수도 없다. 겉으로는 아무렇지 않은 척 미소를 지어야 한다. 속을 있는 대로 드러내면 필경 다툼이 일어나고 손해를 감수해야 한다.

마사지를 받으며 편하다고 느낌을 받는 것은 압력과 꼬임의 저릿한 통증에 만성이 되었기 때문이다. 우리가 복잡함 속에서 민감함에 게을러지는 것도 마찬가지다. 이력이 붙은 것이다. 참고 받아들임이 삶의 맛이라는 것을 알기 때문이다.

나를 믿는다

행복하기 때문에 산다.
많이 힘들고 된서리처럼 외롭다고 느껴도
불행하기만 하다고 생각하지 않는다.
모든 시간이 불행하다면 살지 못한다.
열에 한두 가지가 웃음 짓게 만든다면 행복한 거다.
나머지 여덟 아홉은 짧은 행복을 건네기 위해 희생된다.
그만큼 행복은 많은 시간의 소멸을 담보할 만한 가치가 있다.
아무것도 하지 않고 저절로 행복해질 리가 없다.
신념에 배신도 당해보고
믿는 사람에게 발등도 찍혀봐야 한다.
아픔이 깊어질수록 행복이 강렬하게 온다.
'지금 내가 왜 이러고 살지.' 눈이 괭해질 때마다
나는 나를 믿는다.
눈자위 끝에 맺혀진 눈물만큼 웃게 될 거라고.

반성

볼 수 없을 때 보고 싶다는 말을 해놓고
한마디도 대꾸를 못한다.
아프게 되고 나서 미리 조심할 걸,
반성하는 것과 같다.

잊고 지냈던 나를 다시 찾아 나서야 할 때가 되었다.

사는 날까지 나는 나여야 한다.

다른 인격체가 나를 대신하지 못한다.

떠나고 떠돌며 여정을 그치지 말자.

바람이 이끄는 대로, 파도가 부르는 곳으로.

평원을 지나고 때로는 잔잔한 숲 그늘에 쓰러지며

밑동 잘려나간 그루터기나 되자.

막술 한 컵에 온전한 정신에서 놓여나

가고 있는지 머문 것인지 분간 없이 산개했다

구름처럼 모여 흘러가자 .

은사시나무 비늘처럼 찬바람에 떨면서도

하얗게 몸살이 난 빛살이 되어도 나를 찾아가자

있는 대로의 내가 좋다

흐르는 물처럼 지내자.
거꾸로 거슬러 가려 하지 말자.
기복이 심한 감정은 내 맘대로 하지 못해서 생긴다.
욕심이다.
내가 모든 존재 중에 최고의 가치를 가졌다고 하더라도
내 멋대로 다하며 살아도 될 만큼 만만한 세상이 아니다.
흐름을 역행하려 하면 부딪침이 일어난다.
자연스러움을 상실한다. 평정을 잃는다.
한만큼 얻어지는 것을 당연하게 받자.
모자람을 채우기 위해서 억지를 쓰다 상한다.
몸에 가시가 박히고 마음에 못이 박힌다.
있는 만큼 쓰면 된다. 과한 소비는 자신을 탕진한다.
마음도 같은 원리다.
잠 못 이룰 정도로 소모하면 탈진한다.
따뜻한 햇빛을 쪼이며 강가에 앉아 보자.
옷깃을 세우고 잔잔히 흘러가는 물소리를 듣자.
낮게 스쳐가는 바람보다 편안해지는 이유는
있는 대로의 나를 느끼기 때문이다.
물이 돼보자. 물 위에 몸을 누인 나뭇잎이 돼보자.
나대로의 내가 좋다.

갑질

입동이 지나면서 비가 온다. 겨울비는 추적거리는 비다. 사람도 움직임이 굼떠지고 마음가짐도 느슨해진다. 길을 걷는 사람들의 숫자가 줄어들고 도로 위를 달리는 차들의 속도도 느려져 있다. 보고 싶은 사람의 모습도 빗속 멀리에 있다. 거리감도 무뎌진다. 가까이 있는지, 닿을 수 없는지 가늠하기가 쉽지 않다. 마음도 그렇다. 지금 스산해진건지 이미 스산해져 있었는지 분간할 수가 없다. 사랑한다고 믿었던 생각이 점처럼 옅어지고 사랑이란 감응이 소멸되고 있다. 그 흐름에 애초부터 나는 없었던 듯 여겨지고 있다. 다행일지도 모르겠다. 부담 가지지 않고 흘려 보내기에 좋은 생각이다. 내가 없었다면 아무 일도 아니다. 미움도, 그리움도, 사랑도, 후애(後愛)도 나 없는 세계에서는 아무 의미가 없다. 애초부터 세상은 나로부터 시작했고 나를 향해 있을 때만 의미 있다. 나를 벗어난 공간을 나는 바라보지 않는다. 다른 시간, 다른 영역까지 스며들어가고 싶지 않다. 지금도 벅차고 환장하겠다. 젖은 도로를 구두에 물을 튀기면서 걷는다. 겨울비는 부딪치는 느낌부터 척척하다. 발끝이 축축해진다. 어제부터 갈아입지 못하고 걸치고 다니는 재색수트 깃을 올린다. 게을러진 만큼 깃이 물기를 머금고 쳐져 내린다. 옷이 무겁다. 거추장스럽다. 어깨가 을씨년해진다. 춥다. 가을이 끝나가고 겨울이 세상을 끌어들인다. 계절이 사람의 리듬을 강제시킨다. 따라오지 못하면 도태될거라고 압박을 한다. 시간의 갑질에는 대책이 없다. 따라갈 수밖에 도리가 없다. 물리쳐 놓은 사랑에 대하여 갑질을 해볼 생각이다. 나도 갑이 될 순간이 있다는 것이 기쁘다. 내 속에서 느끼는 감정과 머릿속에서 굴러가는 생각들에 빠져 내 맘대로, 내 멋대로의 시간에 나는 절대자고 조물주고 건물주고 갑이다. 나는 나에게 갑이다. 해도 해도 처벌되지 않는 갑질을 겨울비 속을 걸으면서 해봐야겠다. 비난 받지 않을 갑 질. 누구도 따라 하지 못할 갑질. 갑 중에 갑이 나라는 것을 빗방울에 투명하게 심어놓는다. 절대 반사되어 사라지지 않도록.

문득이란 말은 무섭다

빗길에 미끄러지며 빗물이 되고 싶었다.
기다려도 오지 않던 비가 선뜻 오기 시작하자 거침이 없다.
기다리면 고되기 일쑤다.
올 때가 되면 오고 가야 할 때가 되면 가는 것이 자연스럽다.
억지로 잡아도, 보내도 유의미하진 못한다.

커피 한 잔 나누자고 만난 오랜 친구의 얼굴을 마주 보면서도
커피 향에 더 정신을 집중하게 되는 것처럼
민감한 것에 민첩해지는 것이 세상사다.

문득, 나는 허물이 된 듯하다.
빗물에 씻긴 옷을 털며 허물을 한 꺼풀 벗겨내
탈탈 털어 다시 몸에 뒤집어 씌운다.
나를 감추기 위해 켜켜이 쌓은 껍질을 버릴 순 없다.
맨몸으로 살아갈 수 있는 세상이 아니다.
알몸으로 버틸 수 있는 시간이란 없다.

나는 허물을 지키려다 빗속에서 도망친다.
쓸려가면 안 된다. 휩쓸리면 안 된다.
비가 그칠 때까지 달리기만 해야겠다.

새로운 것은 여전히 필요 없다.

적응하려고 발버둥치고 싶지 않아서다.

나태하게 살고 싶다.

무사안일이 나를 나답게 보호해줄 것이다.

문득 아무런 생각도, 느낌도 엄습하지 않았으면 한다.

문득이란 말은 무섭다.

눈곱

식은 커피를 홀짝이면서 자꾸 끼는 눈곱을 떼어낸다. 보고 싶지 않은 것들을 이미 담아버린 동공이 눈꺼풀 밖으로 밀어내는 것이 눈곱일 테다. 또는 눈동자가 담고 있을 수 없는 많은 근심들을 슬그머니 눈가로 흘려내보내는 것인지도 모른다. 손가락 끝으로 묽은 눈곱을 그러모으면서도 개운해지지 않는다. 손톱을 밀어 넣어 파낼 수도 없다. 보고 싶은 것만 보고 지낼 수가 없다. 보지 않으려 눈을 가리고 살 수도 없다. 여전히 보이는 것들에게 노출될 수밖에 없다.

눈이 침침해진다. 세월만의 탓이 아니다. 오감 중에서 가장 먼저 말썽을 부리기 시작하는 것이 눈이다. 나이가 들어갈수록 시각에만 의존하지 말고 보이는 대로 보지 않아야 한다는 섭리일 테다. 육체의 눈이 침침해져 갈수록 마음의 눈이 밝아져야 한다는 것, 그만큼 삶의 경험과 이력이 쌓였지 않느냐는 시간의 물음이다. 눈이 순해져야 인상이 편해 보인다. 보이지 않는 것을 보려고 눈을 휘둥그래 뜨지 않아도 된다. 억지로 봐야 할 만큼 중요한 것은 그다지 많지 않다. 보일 것은 보인다. 보지 않아도 되는 것을 보려 애쓰지 말자.

커피가 밍밍해졌다.

식은 커피는 향이 덜하다.
적당한 뜨거움이 유지되어야 맛도 향도 감미롭다.
눈이 시리고 마른 눈물이 눈곱을 밀치고 나오는 지금이
제일 인간미 있게, 맛있게 살 수 있는 시간이다.

내가 없었다면 아무 일도 아니다.
미움도, 그리움도, 사랑도, 후애(後愛)도
나 없는 세계에서는 아무 의미가 없다.
애초부터 세상은 나로부터 시작했고
나를 향해 있을 때만 의미 있다.

제 팔요일

"해야 한다, 하지 못하면 안 된다, 할 수 있다,
할 수 없어도 할 수 없다."
무엇이든 만능적인 권능을 가진 존재여야 했다.
하지 못하면 경쟁에서 밀려나고
진짜 하고 싶은 일을 하지 못하게 된다.
무시가 일상이 되고 외톨이가 된다.

월, 화, 수, 목, 금.
주 5일을 그렇게 살았다고 토, 일, 주말이 편하지도 않다.
해야 하는 일이 매 분, 매 초 머릿속을 따라 다닌다.
쉬고 싶으나 맘껏 쉬지 못한다.
처지에 따라서 휴식의 질도 달라진다.
내가 살고 있는 시간이 내 편이 아닌 것 같다.

나는 팔요일에 와 있다. 내가 만들고 나만을 위한 요일이다.
하고 싶은 것이 없어도 된다. 반드시 해야 될 구속도 없다.
무시 되고 밀려나도 된다. 구석도 없고 중심도 없다.
마음이 움직이는 곳에 있고 멈추고 싶은 곳에서
시간을 끌어안는다.
시간을 변화시키는 것은 마음이고

마음을 담아줄 그릇이 태도다. 제 팔요일이다.

시간은 원하는 만큼 잡아둘 수가 없다. 중과부적이다.
쓰고 싶은 만큼 쓰고 남겨서 저장해 두었다가
필요할 때 꺼내 쓸 수 있는 용기(容器)가 없다.
시간을 묶어둘 수는 없지만
내 편으로 만들 좋은 방법은 태도를 바꾸는 것이다.
나는 제 팔요일에 도달해 있다.
팔요일은 시간을 대하는 나의 태도다.

의욕을 부려야 할까?

"의욕은 있나요?"
잘 지내는지, 무탈한지 물어오던 사람이 던진 화두다.
순간적이지만 머리가 멍해졌다.
우물거리며 목소리가 말의 형태를 갖추지 못하고
흐지부지 흩어졌다.

하고 싶은 일이 있다는 것.
이루고 싶은 목표가 있다는 것.
하지 않고서는 편안해지지 않는 것이 의욕이라면
없다.

욕심부려 갖고 싶은 것이 없다.
열성을 다해 다가가고 싶은 곳이 없다.
상황에 맞춰 머물고 나아가며
흔들거리고 싶다면 일상적 의미의 의욕과는 거리가 멀다.

그러나
하고 싶지 않으면 말고
할 수 있는 것을 하는 것으로 만족한다.
'좀더' 라는 의미에 의욕이라는 말은 당치않다.

욕심일 테니.

의욕이란 의무도 아니고 권리도 아니다.
자발심이면 된다.
나는 나에게 자발적일 뿐이다.

나는 팔요일에 와 있다.
내가 만들고 나만을 위한 요일이다.
하고 싶은 것이 없어도 된다.
반드시 해야 될 구속도 없다.

아무것도 아닌 순간은 없다

누군가 묻거든 말해주자.
"아무것도 아닌 순간은 없었다고."
"나여서 나는 좋았다고."
"지금도 나로 살아가고 있어서 꿈꾸는 것처럼 혼몽하다고."

갑자기 우울해지거나 생이 의미가 약해진 적은 있었다.
기복이 심한 감정의 산맥을 오르내리기도 했었다.
그러나 단 한번도 나에게서 멀어져 본 적은 없다.
나는 여전히 나로 살아왔고 살아갈 뿐,
다른 무엇이 되고 싶은 생각은 품어보지 못했다.

다급하게 나를 바꾸고 싶어서 늘 가던 길을 벗어나
전혀 생소한 길을 배회하다 돌아오기도 했다.
기어오를 수 없는 절벽 앞에서 망연해 한 적도 있다.
더는 나아갈 수 없는 낭떠러지 끝에서
가슴 서늘해져 주저앉기도 했다.
그렇다해도 결국 나는 나에게로 돌아오는 길을 잊지 않았다.

어디를 향해 있건, 어디를 가건
한 차례도 내 존재의 당당함을 잃을 수 없었다.

어떤 순간도 나였고 모든 시간의 중심에 내가 있었기 때문이다.
아무 때나 물어와도 나의 답은 하나다.
"나로 살 수 있어서 모든 순간이 경이롭다고."

너를 사랑하지 못하고는
세상의 어떤 존재에게도
사랑 받을 수 없다는 건 불편한 진실이야
그래서 지금 너의 울음이 길고 질척거린대도.
그 눈물은 오롯이 너를 위한 무엇이 될거야
그리하여 흘리다 남은 눈물이 있거든
그 눈물의 그릇을 넘겨줘도 무색하지 않은 사랑을 만날 거야.
다른 생을 시작해도 될 때가 올거야.
혹시 모르겠다. 지금 다가와 있는지도.

환절통

코가 시큰거리고 목이 컬컬해져 온다.
여름과 가을의 사잇시간을 어김없이 나는 이렇게 시작한다.
목을 싸매고 온수매트의 온도를 높이며
타이레놀 두 알을 털어 넣고 잠이라도 푹 자보려고 눕는다.
그냥 넘어가지는 않을 것을 안다.
더 지독해지기 전에 강도를 낮추기 위한 시도 중이다.

걸걸해진 목을 컹컹거리며 한 움큼 걸쭉해진 침을 뱉어내고
뚝뚝 떨어지는 콧물을 휴지로 닦으며
쌉쓸한 환절기의 아침을 이불 속에서 맞으며
'오늘은 별 수없이 병원에 가야겠구나'
답답한 눈두덩을 쓸어 올린다.

감기라고도 하고 환절통이라고도 한다.
가을을 맞이하기 위해서 몸이 적응하려는 준비가 지나쳐
머리가 뜨끈해지고 근육들이 나른해지는 거다.

마음의 준비가 아무리 다부져도 몸이 속도를 따라가지 못하면
균등하지 못한 거리가 생겨나 불협화음이 일어난다.
이미 가을로 가 있는 마음을 몸이 쫓아가지 못한다.

목의 붓기가 가라앉고 콧물이 마를 즈음이 되면
환절통에서 벗어나 가을 속에 있게 될 것이다.

회피하고 싶어도 건너뛰면 안 되는 것이 있다.
돌아가고 싶어도 거쳐가야만 되는 것이 있다.
가을을 마중하고 있는 지상의 모든 생명체들이
환절통을 앓기 시작한다.

나를 향한 기도

순순히 지금을 받아들이게 하소서. 몸은 지쳐도 마음은 지치지 않고 현재 있는 곳뿐 아니라 머물 곳도 기꺼워할 태세를 단단히 하겠습니다. 이제까지 왔던 길도 오롯한 나의 길이었고 가야만 할 길도 달갑게 갈 나의 길임을 압니다. 다만, 잊지 않겠습니다. 진물이 날 때도 있었고 호탕하게 목젖을 젖히고 웃기도 했다는 것을. 안간힘 다해 버틸 때도 있었고 흔쾌히 순종하기도 했다는 것을. 비워놓은 가슴팍에 들어차려 애쓰는 시간들을 품을 수 있을 만큼 안겠습니다. 비껴가지 않겠습니다. 물러나지도 않겠습니다. 내어줄 것은 내어주고 밀어낼 것은 밀어내면서 갈 길 위에 서겠습니다. 아주 이따금 무릎 낮추고 주저 앉기도 하겠지만 힘에 부쳐 조금 쉬는 것입니다. 가끔 무거움을 내려놓고 헐렁한 채로 쉬기도 해야 새롭게 응답할 수 있기 때문입니다. 마음 다해 나를 받아들이겠습니다. 망설임 없이 나에게 순응하며 살게 하소서. 나를 지키며 살게 하소서.

태풍처럼

새벽녘부터 빗줄기가 굵다. 깊어지려 애쓰던 가을이 빗물에 젖어든다. 길가를 채색하고 있는 코스모스의 흔들림이 장황해지고 구절초는 꽃잎을 씻기우며 적나라하게 환해진다. 가로수들은 성급해져 아직은 한참을 기다려야 물들 잎들을 거센 바람에 밀려와락 털어내기도 한다. 태풍이 오고 있다. 태평양 중심에서 발원해 오끼나와를 돌아 제주도와 남해 사이를 관통하는 강력한 태풍이 돌풍과 폭우를 동반하고 오고 있다. 파도가 울렁거리며 바다를 뒤집을 것이다. 바람이 하늘을 흔들어 정적을 몰아댈 것이다. 꺾일 것들은 꺾고 쓰러뜨릴 것들은 쓸어버릴 것이다. 거침없이 씻겨낼 것들을 덮치고 부셔야 할 것들을 두드려댈 것이다. 태풍은 혁명처럼 환경을 변화시킨다. 제 하고 싶은 만큼 하는 당당함에 대항할 수가 없다. 태풍처럼 거칠 것 없이 살고 싶다. 태풍처럼 서슴없이 가고 싶은 곳을 향해 가고 싶다. 소멸하는 그 순간까지 오연하고 싶다.

무너지기도 하자

무리하게 안간힘 쓰며 버티기만 하다 아픔에 중독된다.
가진 힘을 다 소진해버리고 쓰러지면 일어날 수 없다.
고갈되어 가는 힘을 보충하기 위해서라도
지탱하기 버거워지면 무너지자.
무릎을 꿇어도 상관없다.
때로는 바닥에 대자로 엎어지면 어떠랴.
죽은 듯 숨 고르기를 해야 죽지 않는다.
넘어지지 않고 꼿꼿하게 서 있어야 잘 하는 것이 아니다.
낮은 토굴을 빠져나가기 위해서는 엎드려야 한다.
키를 넘어선 담장을 넘기 위해서는
쪼그렸다가 뛰어올라야 한다.
인생에 정해진 정답은 없다.
나에게 맞는 방법이 답이다.
잘 된 사람들이 간 길은 그 사람에게 적합했다.
잘 못 된 사람들이 지나온 길이라고
다 어긋났다고 단정지을 수 없다.
지체가 되어도 쉬어야 할 때에는 쉬자.
돌아가야 할 때에는 돌아가자.
생각한 것보다 늦어진다고
가고 있지 않는 것이 아니다.

무너지고 일어나고 여전히 가고 있으면
잘 살고 있는 것이다.

사랑만큼
이별도 운명이라고 혹은 숙명이라고
높여 불러야 합니다.
사랑이나 이별이나
새로운 환경으로 들어서는 여행입니다.
항상 준비하지 않고 떠날 수 있는 여행처럼

행복한 망설임

설렘이 아니다. 막연한 기대감도 없다.
망설임으로 엇갈린다.
제주도로 갈까. 부산으로 갈까.
여수, 강릉, 청산도
어느 곳이 넋 놓고 머물러 있기에 좋을까.

그러고 보니 다 바다가 있는 곳이다.
정작 나는 바다를 보고 싶은 거다.
파도를 눈앞에 두고
너울너울 시간을 때우며
살아있는 현재의 나를 느끼게 해주고 싶은 거다.
꿋꿋이 살아가라고 닦달하고 싶은 거다.

아침부터 점심을 먹고 나서도
지금도 고민 고민한다.
성탄절 연휴. 연말 연휴
나는 어디에 있게 될까.
당장 정하지 못하는 행복이
즐겁기는 하다.
혼자라서 가능한 망설임이다.

첫눈의 약속

12월 6일
첫눈이 살짝 내렸다.

무거운 생각에 빠져들지 말기.
과분한 책임이 따르는 관계 만들지 말기.
홀가분한 자유에 안착하기.
주어진 것에 만족하기.
구속하지도 구속 받지도 말기.

좋은 일도 많았다.

잘 된 기쁨을 누린 시간이 훨씬 더 길었다.

좋지 않다고, 결말을 내지 못했다고 실패한 것은 아니다.

하는 동안 열심이었다.

할 수 있는 이상을 하려고 노력했다.

그만하면 되었다.

애썼다.

거리에 대하여

눈높이를 어설프게 맞추면 이도 저도 안 된다.
같은 방향을 향해 서는 것은 기본 중에 기본일뿐
조건이라고 말할 만 하지도 않다.
도달하고 싶은 곳이 같아야 한다.
한 사람은 여수까지만 가고 싶어 하고
다른 한 사람은 여수를 지나 바다 건너 금오도까지 가려 한다면
드넓은 육지와 섬 사이의 거리만큼 종점의 차이가 난다.
같이 길을 나섰지만 함께 돌아올 수 없다.
생각하고 있는 지점이 다른 관계는 파탄이 나는 법이다.
거리를 좁히려는 노력은 임시방편일 뿐
근원을 틈 없이 땜질하지는 못한다.
관계를 유지하려고 무모한 힘을 소진할 필요가 없다.
같아질 것 같지 않은 생각은 다름대로 놔주자.
성급한 타협으로 인생을 걸지 말자.
뒤늦게 멈춘다고 위로가 되지 않는다.
돌이킬 수 없는 후회가 된다.
지금 안타깝고 아픈 것이 낫다.

그만하면 애썼다

결과가 좋지 않아도 하려고 했다는 것으로
위로를 삼아야 할 때가 있다.
하는 일마다 끝이 좋을 수가 없다.
괜찮은 의도로 시작했어도 결과가 나오지 않는 경우가 많다.
좋을 수만 없는 의도로 시작된 일이
오히려 좋은 끝을 맺기도 한다.
시작이 있다고 모든 일이 결말에 이르지 않는다.
하다가 그만둬야 할 때도 있고 마지막에 이르는 듯하지만
난감한 문제들이 계속 나와 흐지부지 되기도 한다.

실망한 나머지 아무것도 하지 않고
널브러져서 하루를 방치해본 적이 있다.
수없이 되씹고, 자책하고 다시 처음부터 상상수행을 해보며
침대를 이리저리 굴러다녀 봤지만 지나가버린 일은 이미
나와의 거리가 멀리 벌어졌다는 것을 알게할 뿐이었다.

좋은 일도 많았다. 잘 된 기쁨을 누린 시간이 훨씬 더 길었다.
좋지 않다고, 결말을 내지 못했다고 실패한 것은 아니다.
하는 동안 열심이었다. 할 수 있는 이상을 하려고 노력했다.
그만하면 되었다. 애썼다.

원하는 만큼 이루며 살아가기 어렵다.
될 듯, 될 듯 안 되는 것이 더 많다.
쉽게 이뤄지는 일은 없다.

이별이 아픈 것은 함께 해온 사랑의 순간들이
좋았다는 반증이다.
사랑이 깊다고 이별하지 않는 것은 아니다.
이별의 상처가 아물지 않는다고
새로운 사랑이 찾아오지 않는 것은 아니다.
잘 되지 않았다고 생각하지 말자.
그때, 그때 지금 있는 곳에서 지금의 나에게
애쓴다고, 애썼다고, 그만하면 됐다고 다독거리며 살자.

등 근육 키우기

저마다 짐진 무게가 다르다. 나누지 못할 무게라면 등 근육을 키워야지 도와달라고 구걸하면 애처로울 뿐이다. 허벅지를 단련하고 팔 힘을 키우자. 심장의 박동 속도를 높이고 신경세포의 힘줄을 긴장시키자. 무게에 눌리지 말자. 짓눌린 다음에 변명은 필요없다. 사족이다. 진 것이다. 발가락에 힘을 준다. 발바닥을 견고히 땅에 댄다. 무게를 져야 한다면 기꺼이 감당하고 싶다. 당당하자. 나는 내가 가진 무게에 순조롭게 응하고 있다. 허접하지 않게 살아간다. 엄지 척 해준다.

애썼다

- 12월 31일의 아침에

무척 애썼다는 걸 안다.
또 애쓸 거라는 것도 안다.
남다른 것이 아니라 너다운 애씀은
사는 동안 끝나지 않을 거야.

너는 누구와도 비교될 존재가 아니다.
다른 이들의 행복을 부러워하지 않아야 한다.
너만이 가진 사랑의 유전자를 건져 올리면 된다.

잘 살아가고 있어서
잘 참아내고 있어서
잘 살아갈 것 같아서
고맙고 계속 수고롭자.

애썼다.

그럭저럭

마지막의 하루가 간다.
그럭저럭 살아왔다.
또 그리저리 살아낼 거야.
믿자.
내일이 오늘과 별반
다를 수 없다고.
너를 사랑한 시간은
같기만 하다고.
어떤곳에 있어도
어디를 가도
너와의 시간은
멀리 있어 가깝다.

SO SO

하루가 하루를 특별해 하지 않기를.

오늘이 그날 같고

그날이 와도 쏘쏘.

무던해지기를, 둔감해지기를.

무얼 하려다 못해도 크게 속상해하지도 말고.

가면 가고 못 가면 말고

있으면 먹고 먹지 못해도 배고프지 않게 되기를.

매일이 그렇고 그런

무사가 태평이고 안녕해지기를.

so so, so cool.

3

잘하려 하지마. 그냥 살아보자

나만 세상에서 외톨이라고 느껴질 때
누군가는 걷고, 누군가는 버스를 타고
정해지지 않은 어떤 곳으로 가보려 한다.
가만히 움직이지 않고 있으면
정말 외로워져 버리기 때문에.

좋은 사람 콤플렉스

해보니까 별로다. 착하게 살아야 좋다는 생각이 올가미였나 싶다. 남으로부터 참, 괜찮은 사람이라는 평가를 받고 싶었던 것은 아니다. 조금은 잃고 사는 것이 편했다. 지킬 것이 많지 않아서 좋았다. 착하게 산다는 것은 집착으로부터 벗어나면 되는 건 줄 알았다. 본 것도 못 본 척, 들어도 안 들은 척 포기하면 되는 것인 줄 알았다. 그러다 보니 이도 저도 아닌 헐렁이로 본다. 아무나 건드려도 아무 일 없는 바보로 취급받는다. 누구보다도 이기적이고 나를 잘 챙기며 살았었다. 상실을 경험하고 나서 부드럽게 표정을 바꿨다. 가급적 잘 들어주고 많이 마음 쓰고 남기지 않는 삶을 살아야겠다고 다짐했었다. 좋은 사람 콤플렉스를 만들어 놓고 야금야금 스트레스에 시달리며 원하지 않는 시간을 헤매고 있는 나를 발견했다. 깜짝 놀랐다. 남들에게 좋은 사람이 아닌 나에게 좋은 사람이어야 했다. 성질대로 살자. 싫으면 싫다고 말하고 원하는것이 있으면 요구하면서 살아야겠다. 다른 시선들을 의식하며 좋은 게 좋다고 어물쩡 사는 것이 좋은 사람이 아니었다. 호구탈출. 나에게 착해지자.

궁핍한 결정

한 살씩 더 먹어갈수록 결정은 힘들다. 잃어버린 시간에 대한 미련이 강해서다. 여태 나를 위한다고 했지만 나를 향한 혜택을 결정해 본 적이 별로 없다. 부모를 위하여, 가족을 위하여, 최종적으로는 자식을 위하여. 그런데 돌이켜 생각해보니 헛살았다. 지금 나에게 남아있는 건 외로움과 소외뿐이다. 부모도 자신의 일생에 나는 한 부분이었을 것이다. 자식이 전부였다고 하지만 전부일 수는 없다. 인간의 가장 원초적인 본능은 자신에 대한 무저항의 사랑이기 때문이다. 늙고 생활이 궁핍하니 부양하라고 한다. 하고 있다. 앞으로도 해야 할 일이다. 보기도 아까워 아껴보았던 자식은 낳아놨으니 무한의 책임만 지라고 한다. 본능적으로 해왔고 앞으로도 그렇게 될 거다. 나는 누가 부양해주고 책임져줄까. 등한시했던 나를 스스로 챙기기 시작한 게 고작 일년인데 나더러 이기적이란다. 하지 않던 일을 갑자기 하면 그렇게 보일 수도 있겠지만 정말 너무들 한다는 원망이 생겨난다. 나는 무조건의 희생체인가? 그러거나 말거나 이제 나에게 집중할 생각이다. 진 짐을 최소화할 거다. 나 이외에 나를 불편하게 하는 존재와는 싸워서 물리칠 생각이다. 나는 나일뿐 누구를 위한 존재가 아니다라고 세뇌를 하며 내 삶을 구원해내고 싶다. 새로운 사랑이 찾아와도 멀리 둬야겠다. 다른 책임을 만들지 않기 위해서. 사랑은 책임이 동반된다. 나 이외엔 책임지며 살고 싶지 않다. 지금 지고 있는 책임의 무게 앞에서 넋이 빠져있기 때문이다.

착하게 산다는 것은

집착으로부터 벗어나면 되는 건 줄 알았다.

본 것도 못 본 척, 들어도 안 들은 척

포기하면 되는 것인 줄 알았다.

걱정하지 마

한파주의보가 내려진 날이다. 진눈깨비가 거센 바람에 밀려 이리저리 날린다. 당연히 춥다. 머리를 숙여 바람을 정면으로 맞지 말아야 한다. 목을 움츠리고 냉기가 옷깃으로 파고들지 못하게 해야 한다. 추운데 안 춥다고 호기를 부릴 이유가 없다. 누구도 잘했다고 추켜세워주지 않는다. 과시해봤자 자기만 헛짓거리 하는 것이다. 거슬러가려 하지말자. 상황에 응답해주면 된다. 춥다고 얼어 죽지 않는다. 괜한 걱정하지 말고 하고 싶은 것 미루지 말고 가고 싶었던 곳을 포기하지 말자. 감기에 걸려 며칠 입맛이 없어지고 열병에 시달릴 수는 있겠지만 원하는 대로 하며 살자. 지금 기회를 놓치면 영영 하지 못한다. 이 시간은 다가올 시간과 다르다.

부작용을 용인하자

살아가는 한 여러 불편이 생기기 마련이다. 부스럼 같은 생활의 찌꺼기에 일일이 몸서리를 치며 혐오하다가는 정신분열이 일어난다. 순방향으로만 나아가며 살 수 없다. 무언가 거슬리면 돌아가야하고 옆걸음으로 피해가야 한다. 나에게만 불이익이 발생한다는 자책성 비관은 하지 말자. 누구나 원하지 않은 일들을 가지고 있다. 할 수 있는 것만 하자. 전부를 잘 하려다 부작용이 나타난다는 사실을 받아들이자. 관계의 부작용, 금전적 부작용, 감정의 부작용. 어디에서나 어떤 시간 속에서나 각양의 거슬림은 산재해 있다. 사소한 것에서부터 막대한 부담까지 크기도 다양하고 일정하게 정형화 할 수도 없다. 사랑하다 헤어지고 그리움이 슬픔이 되기도 한다. 죽을 것 같은 애착이 증오로 변하기도 한다. 가족 사이에 생겨버린 틈과 소원함도 마찬가지다. 애정도 도리를 하지 않으면 소멸되어 간다. 얼굴 맞대는 시간이 없어지면 덤덤해진다. 불화가 생기면 생긴 대로 풀어야 넘어선다. 극복하지 못할 것 같으면 무시라도 해야 한다. 언젠가는 해소된다. 그대로 굳어진다 해도 그 문제로 죽지 않는다. 대범해지자. 모두를 잘하려 하지 말자. 헛점없는 삶이 어디 있겠는가. 그냥 용인하며 살자.

마약 같은 말

마약은 고통을 완화시키는 최적의 물질이다. 미량으로 통증완화와 마취작용을 한다. 극심한 통증으로 육체적 절망에 빠져 있을 때 사용하면 가장 적절한 처방이다. 그러나 최후의 처방이기도 하다. 마지막 순간의 고통을 잠시 동안 억눌러 주어야 할 상황에 주로 사용된다. 그렇지 않다면 습관성에 빠진 중독자의 자발적이고 음습한 투여다. 마약은 모르핀, 코카인, 아편, 대마초로 크게 나뉘어진다. 중독과 심신미약으로 이어지지 않는다면 축복과도 같은 물질이라 할 수 있다. 참을 수 없는 고통을 겪을 때 구원을 받을 수 있다면 모든 것을 다 포기하더라도 손을 내밀기 마련이다. 육체적, 정신적 피폐를 감당할 만한 수단이기에. 요즘 마약 같은 말에 푹 빠졌다. 주문을 외듯 주절거린다. 속으로도 하지만 소리 내어 말하면 드러내지 않고 속삭이는 것보다 훨씬 편안해진다. 잠을 자기 전에도, 잠에서 깨어 눈을 뜨면서도, 걸어가면서도, 의자에 앉아서도, 밥을 먹기 전에도, 후에도, 하루에 몇 번을 소근거리는지 세어보지 않아서 모르겠다. 그말에 중독이 되었다. 하지 않으면 금단현상이 일어난다. 위로가 된다. 용기가 된다. 믿음을 준다. 앵속보다 치명적인 중독이다.

"지금 잘하고 있어, 괜찮아. 정말 괜찮아."

속으로도 하지만

소리 내어 말하면,

드러내지 않고 속삭이는 것보다 훨씬 편안해진다.

잠을 자기 전에도,

잠에서 깨어 눈을 뜨면서도,

걸어가면서도,

의자에 앉아서도,

밥을 먹기 전에도,

후에도,

하루에 몇 번을 소근거리는지

세어보지 않아서 모르겠다.

그말에 중독이 되었다.

위로가 된다.

용기가 된다.

"지금 잘하고 있어, 괜찮아. 정말 괜찮아."

잘 하려 하지 마, 싫지 않으면 괜찮은 거야

지나치게 잘하려 할수록 실수를 하게 된다.
너무 완벽함을 추구하다 불만이 생긴다.
지나치게 많은 것을 하려다 부족함에 빠진다.
잘하려 하지 않아도 된다.
싫지 않으면 괜찮은 거다.
괜찮다고 암시를 걸며 지내야 좋은 일이 생긴다.

모든것을 잘할 수 있는 사람은 없다.
전부를 다 하려다 진짜 잘해야 될 하나에 소홀하게 된다.
평범한 일상이 최선이다.
삶에 가장 적절한 시간을 채우는 것은
지금을 만족시키는 것이다.

지나가버린 인연에서 풀려나야 한다.
지금, 당장 곁을 지키고 있는 인연이
가장 소중하고 강력한 관계라는 것을 간과하지 말자.
멀리 있어서 서운한 것이 아니라
절실하지 않기 때문에 소원하게 되는 것이다.

거리는 문제가 안 된다.

서로의 마음에서 나는 냄새를 맡을 수 없다는 것이 원인이다.
인연도 억지로 유지하려 할 필요는 없다.
때가 되면 옅어졌다 진해지는 것이 인연의 본질이다.
멀어지고 있는 관계의 무게에서 벗어날 때
섭섭함도 사라지고 그럭저럭 괜찮아진다.
덤덤함이 관계를 이어주는 끈이 되기도 한다.

조금 천천히 간다고 닿지 못하는 것은 아니다.
남들보다 약간의 뒤처짐이 있을 수는 있지만
소심하다고 자책할 이유는 없다.
서두르다 망치는 것보다는 늦더라도
꾸준히 가는 것이 옳다.

무료하다고 징징대지 마

나를 채우는 것이
버거울 때는 그냥 가만히 있기.
아무것도 하지 않고 있으면
오히려 무거움에서 벗어날 때가 있거든.
전부가 아니면 전무라는 생각은 옳지 않아.
완전한 채움은 바람직하지 않아.
한 구석이 비어 있어야
자신이 원하는 상태에 대해서 생각하게 되고
새로운 환경도, 조건도 받아들일 수 있게 되는 거야.
부족함이 없으면
변하려 하지 않고 타인의 결핍 또한
이해할 수 없는 것이 사람의 본성임을 잊지 말자.
내가 나답고 싶은 것처럼
다른 사람들 역시도
자기를 자신답게 다져가며 살고 싶어해.
지금 빈 곳이 허점처럼 여겨지더라도 조급하게 허둥대지 마.
조금 허술한 사람이
더 사람다울 수 있는 조건을 갖추고 있다는 것을 알자.
나는 마음 속에 여러 군데 공간을 만들어 놓고 살아.
때론 느긋하게 누군가 들어오기를 기다리기도 하고

가끔은 무료하게 공간을 튕기며 나를 공명시키기도 하지.
작은 빈자리들이
나를 치유할 구실들이란 걸
언젠가 깨닫게 될 거야.
결국은 나를 위해 비워둔 채움의 역설을 실행하고 있는 것이지.
오늘 하고 싶은 일을 하지 못했다고
오늘이 의미가 없어지는 것이 아니듯
잘했든 못했든 지금 살아내고 있는
오늘만큼 간절한 시간은 없어.
결핍이
또 다른 오늘을 기대하게 해주는 촉매라는 것,
징징거리며 나를 못살게 할 필요가 없다는 징표야.
나를 믿고 기다려주자.

잘하려 하지 마, 그냥 살아보자

싼 커피를 마시면서도 즐거울 수 있어.
향기도 미각도 제 나름의 허영이지.
클라스의 차이는 아니라고 생각하는 것이 진정한 자유지.
조금 멀다 싶어도 걷다 보면 그리 힘들지 않는 것처럼
조금 모자라도 모진 생활은 아닐 거야.
가끔은 불편하고 조금 성가실 뿐인거지.

남기는 삶을 쫓으면서 잘하려 하지 말자.
밑져야 본전인 살이도 제법 괜찮아.
부족할 때 마음은 편할 수 있다는 걸 믿자.
잉여를 어딘가에 버려야 하거나
감출 고민 같은 시간 허비에서 자유롭다는 거.
쓰고 있는 시간이 알차다는 거겠지.

종종 나는 혼자 영화관에 가서 영화를 봐.
삽시간에 빠져드는 어둠이 편해서.
재미없으면 눈 감고 한숨 자도 상관없고
들고 간 커피가 다 식어가도 호호 불면서 마셔.
그래도 창피하지 않지. 거리낌이 없어서 좋아.
누구에게 눈치 볼 일이 없어서 어찌나 유쾌해지는지 몰라.

잘하려 하면 신경 쓸 것이 많아지고
나를 제어해야 할 순간들이 늘어나게 돼.
스크린이 켜져도 마음을 이완시켜 캄캄한 어둠 속을
유영하듯 느슨하게 살자.
지금의 해방구를 벗어나
억지로 무언가를 하려 할
필요 없이
그냥 살아보자.
나 이외엔 다 신경 끄고.

뻔하자. 펀(fun)하자

평범하다고 말하면서도 그렇지 않기를 바란다.
자기만은 아니라고 생각한다. 특별한 대우를 받고 싶어한다.
남들과 다른 것, 남들처럼 취급 받고 싶지 않은 것.
입으론 자신을 평범한 사람이라고 말하면서도
속 마음은 전혀 그렇지 않다고
자기를 세뇌 시키는 것이 평범한 사람들이다.

독특하다, 특이하다 라는 말을 들으면 불같이 기분이 흔들린다.
특별한 것과 특이한 것의 차이,
독특한 것과의 간극을 인정할 수 없기 때문이다.
특별하고 싶지만 평범할 뿐인 사람들은 대부분 그렇다.
독특함을 인정할 줄 아는 사람은 정말 자신을
특별하다고 믿어도 될 사람이다.
특이함을 포함해 낼 줄 아는 사람은 평범의 범주를
까마득히 벗어난 사람이다.

그런데 의문이다. 특별한 평범을 사는 이유.
주목 받고 싶어서 혹은 우월성을 인정 받고 싶어서일 테지.
피곤한 짓이다.
은근히 꾸며야 하고 들통나지 않도록

거짓도 섞으며 사는 일이다.

뻔하게 살면 얼마나 편하고 호강스러운가.

남들이 그러리라고 추측하는 대로,

그럼 그렇지 라고 당연히 여기도록 뻔하자.

뻔뻔하게, 펀(fun)편하게 살자.

후회해도 상관없어

전부를 잘했다고 믿으며 지낼 수는 없어.
잘 된 일보다 그렇지 못한 일들이 더 많다는 것을 알면서도
후회를 하면 자존감에 상처가 생길까 봐서
잘했다고 자기를 속이는 걸 테지.
내가 한 일이니까 후회도 할 수 있는 거야.
다른 사람이 벌인 일을 내가 후회해줄 수는 없어.
엄연히 나는 다른 사람이 아니거든.

괜찮아.
후회하면서 사는 것은 창피한 일이 아니야.
누구도 완벽한 인생을 살지 못하고
잘못을 저지르지 않을 수 없어.
나도 그 누구에 속한다는 것을 알잖아.
단지 후회가 자책으로 깊어지고
자학이 돼서 절망으로 떨어지지만 않으면
자주 후회하면서 자기를 돌아보는 일은
다른 시작을 금세 할 수 있도록 해주는 거야.
괜찮은 사람이 될 수 있다는 감정의 탈출구가 된다고 믿어도 돼.

어제 잘하지 못한 일이 있다면

지금이라도 곰곰이 후회해도 좋아.
맘이 꺼려지고
부끄러워서 혹은 맘이 상할 거 같아서
어영부영 넘어가버리면 같은 일을 또 하게 될지도 몰라.
그렇다고 후회가 될 것 같다고 해야 할 일을 하지 않는 것은
내일 할 일을 미리 후회하고 있는 것과 같아.
후회는 지나간 일에 대한 각성이고 반성이면 돼.

나는 후회하면서 살게 될 거야.
상관없어. 사람이잖아.
후회할 줄 알아야 용서도 받는 사람이거든.

상하지 말자

상처를 내지 말고 살아야겠다고 거듭 나를 재촉했다.
나를 가만가만 다독이면서
뭣이든 조금씩만 해야 한다고 설득시켰다.
빨라지려는 걸음을 무릎 톡톡 건드리면서
멈췄다 나서고 보폭을 줄였다.

나에게 하듯
다른 이에게도 상처를 주지 말아야겠다고 다짐을 했다.
내가 아플 일을 만들지 않으려 하는 것처럼
내가 아는 사람, 누구에게도 같은 아플 일을 하지 않기를.
그래야 한다고, 그럴 거라고 두 손을 마주 잡았다.

그런데 맹세 같은 다짐이 잘 지켜지지 않는다.
아프지 않으려 할수록 허전한 구석이 넓어진다.
나에게 다가온 누군가를 구석으로 끌어들인다.
상처는 피한다고 나지 않는 것이 아니다.
긁히기만 해도 피멍울 지고 붉은 자국은 퍼렇게 멍이 된다.

생채기가 나는 것을 두려워 말아야겠다.
피가 나야 딱지가 진다.

상흔에 단련 되야 아픔에 둔해진다.

다만, 짜내고 긁어내도 다시 곪아터지지 않도록 상하지만 말자.

나는 나면 돼

흔들리지 않으려고 애쓰지 말자.
평탄함이 편함을 보장하는 것은 아니다.
덜컹거리기도 해야 한다.
내리락 오르락 하면서 요동쳐야 살맛이 난다.
크고 반듯한 시간을 위하여
아무것도 하지 않을 수는 없다.

흔들리면서 살아야 나다운 나를 찾아갈 수 있다.
뛰어야 할 때 뛰지 않으면 출발하는 기차를 탈 수 없다.
나를 위해 기다려주는 것은 나 이외에는 없다.
깊어져야 할 때는 깊어지고
숙연해져야 한다면 숙연해지면서.

내리고 싶은 곳에 내리려면 삶의 기차를 타야 한다.
있고 싶은 곳에 있으려면 부지런히 다리를 움직여야 한다.
길이 울퉁불퉁하면 나도 울퉁불퉁해지면 된다.
그렇다고 일부러 고난을 만들어서 불편을 자초하지는 말자.
가야 하면 따라가고 늦춰야 하면 늦추면 된다.

가끔 작은 목소리로 신음소리를 내도 된다.

아프면 참을 필요 없다.
그러다 콧노래 흥얼거리며 리듬에 맞게
몸을 움직여도 된다.
감정을 억눌러 드러내지 않으려 할 이유가 없다.
나는 나면 되니까.

궁시렁대는 것은 누구나 힘들지만
잘 견디며 살아간다는 말을 듣고 싶은 것이 아니다.
'니가 제일 힘들고 쓸쓸해.
그러니까 아무데나 기대고 싶은 곳에 대고 칭얼대.
너는 그래도 돼. 참기 힘든 너니까.'
나에게만 주는 울림 속에서 흔들리고 싶어서다.

기둥에 기대어

이유가 불분명한데도 막연해질 때가 있다.
아마 그럴 때엔 생각 없이 쉬라는 신호이리라.
일상의 강박에서 벗어나고 싶은 무의식이
파업을 선언한 것이리라.

막연한 상태에 빠졌다면
한동안 그대로 방치해도 좋을 것이다.
빠져 나오기 위해서 조급하게 다른 계획을 세우려 할 필요 없다.
섣부른 계획이 제대로 작동할 이도 없다.
오히려 생채기를 내 긁어 부스럼만 키우게 된다.

저절로 막연함을 해소할 상황이
의식의 바닥에서 만들어지고 있을 것이다.
사람에겐 스스로를 보살피려는 정화기능이 있다.
단단한 기둥에 등을 기대고 묵묵히 기다리면 된다.
내가 항상 나를 관조하듯
시간도 나를 지켜보고 있다는 것을 믿자.

나는 끝까지 나니까

가끔은 혼자 끙끙대며 아프자.
한 번에 벗어날 수 없는 소슬바람 같은
쓸쓸함이 부담스러울 때가 있어.
그럴 땐 가슴을 양팔로 끌어안고
휘적휘적 흐느끼는 게 좋아.
나에게 전하는 최단 시간의 위로야.
그래도 상관없어.
지나가는 바람에 쓸리지 않고
머무는 바람에 나부끼지 않고
바람결을 느낄 수 있으니까.
나는 끝까지 나니까.

참외꽃

누군가 흘린 씨가 싹을 틔웠나 보다
풀잎들 사이로 줄기와 잎을 뻗어내더니
기어이 꽃을 피웠다.
됐다. 열매까지 맺기를 바라진 못하겠다.
풀밭을 지나가는 발자국들이 많아 위태로운 지경에
꽃을 피워낸 것만도 장하고 장하다.

모든 과정을 끝맺지 않아도 될 때가 있다.
거기까지만 해도 될 때가 있다.

신경 꺼, 귀찮은 건 하지 마

큰 무게는 아닌데
은근히 신경을 긁는 일이 있다면
괜찮은데 괜스레 찜찜한 것일 뿐이다.

꼭 해야 하는 일이라면 근육들이 팽팽해지고
피가 뜨겁게 순환할 거다.
그렇지 않다면 성가신 일일 테고
무시해도 큰 손해는 없을 거다.

신경 꺼, 하지 않아도
쬐끔 거슬리기만 하면 아무런 잘못 없다.
귀찮은 건 안 해도 돼.

엄살 좀 부릴게

밤과 새벽 사이 집안의 냉기가 소름을 돋게 한다.
창문을 닫고 커튼을 치는 것이 오히려
냉기를 방안에 가두는 것 같다.
깔개를 거둬내고 매트리스 위에 온수매트를 올려놓는다.
정리된 침대 위에 드러누워
따뜻해져 오는 등쪽의 온기에 부르르 몸을 떤다.

엄살이 심하다고 눈살을 찌푸릴지 모르겠다.
초가을 선선함을 춥다고 하다니 유난스럽다고.
엄살 좀 부리면 어때!
휑한 공간을 혼자 차지하고 있어서 그런 것인데.

참으려고 이 악물 필요가 있겠는가.
불편하고 불만족스러운 상황을
참는다고 다른 사람들이 알아주지 않는다.
알아줄 사람도 없는데 창피할 일도 없다.
창피하지 않는데 눈치 볼 일은 더욱 없다.

참아야 나만 힘들다고 생각될 때에는
엄살 좀 심하게 부리며 살자.

좋은 게, 좋은 게 아닐 때

'좋은 게 좋은 거다.' 라는 말이 항상 맞는 건 아니다.
싫어도 좋은척을 할 때가 있다.
싸우기 싫어서, 어색해지는 것이 싫어서
불이익을 받지 않을까 걱정이 돼서
침묵으로 혹은 억지스런 미소로
'좋다' 라는 포장지를 써왔다면 이제는 그만 두자.
거짓말은 없는 사실을 말하는 것뿐만이 아니다.
사실을 왜곡해 말하는 것도
하기 싫은 것을 좋다고 말하는 것도 거짓말이다.
거짓말을 그만둬야 행복해 진다.
쓸데없이 받들어야 하는 스트레스에서 벗어날 수 있다.
필요 이상으로 생기는 피로감을 덜어낼 수 있다.
진정 좋을 때만 좋다고 말할 용기를 갖는 것,
나를 존중하는 시작이다.

적당하자

적당함을 유지한다는 것이 애매하다.
어떤 상황에서는 적당한 선을 고수하는 것이
우유부단하다고 여겨질 수도 있다.
그렇지만 알맞은 경계선을 넘어서면 부작용이 발생한다.

아메리카노를 투 샷으로 마신다.
조금은 진하다는 생각을 하지만
원 샷은 많이 연해서 커피 본연의 향을 음미할 수가 없어서다.
너무 진하지 않게, 너무 옅지 않게
제 느낌을 찾아가는 것이 중요하다.

자기만의 취향이라는 것이 있어야 한다.
자기 주장도 견고히 가지고 있어야 한다.
'이래도 저래도 흥' 인 사람은
줏대가 없어 보여 무시당하기 일쑤다.
매사 너무 강해도, 너무 부드러워도
안전한 인생이 보장되지 않는다.
중심을 잃지 않을 정도에서 적당하자.

가끔 흘려도 된다

소리 낼 수 없는 아우성이었다.
거대한 몸부림이었다.
깊이 패인 멍자국이었고
벗어날수 없는 소스라침으로 박힌 주름이었다.

그날 이후 걸음마다 새겼다.
참지 말고 가끔 흘려야 된다고.
하얗게 핀 차꽃처럼 차갑게 늦은 하루를 품으면서
가끔 회한의 눈물을 흘려도 괜찮다고.

부질없는 후회도 아름다울 수 있다고 믿는다.
가팔라지는 산길에 몸을 맡기며 눈가가 뜨거워졌다.
바위틈에서도 단풍 든 나무들은 가을을 비워내고 있었다.
돌 틈 사이에 걸터앉아 손바닥으로 눈을 훔쳐낸다.

"나로 살아내는 길을 잃지 말자."

내건 내 꺼다

슬픔은 나누면 반이 된다는 말은 사실이 아니다.
슬픔은 주변 사람들까지도 우울하게 만들고
정신적 피로도를 높여주는 번짐병이다.
모두가 하나이지 못하듯 하나가 전부를 아우를 수 없다.
각자의 몫을 지키며 살아가는 것만으로 충분하다.
자기의 걱정거리가 많은 사람들에게
침울함을 전염시키는 것은 죄를 짓는 일이다.
"내건 내 꺼다."
내가 지고 있는 마음의 짐은
고스란히 내가 업고 가야 할 무게이다.
그러니 다른 사람의 짐도 다른 사람의 짐으로 놔둬야 한다.
같이 질 수 있는 마음의 짐은 없다.
거들어줄 수는 있어도 나누는 데에는 한계가 있다.
스스로 부풀려지고 무거워지다가 헐거워지도록
내거는 내가 다독여야 한다.

아프지 않으려 할수록

허전한 구석이 넓어진다.

나에게 다가온 누군가를

구석으로 끌어들인다.

상처는 피한다고 나지 않는 것이 아니다.

긁히기만 해도

피멍울 지고

붉은 자국은 퍼렇게 멍이 된다.

칭얼대도 괜찮아

나만 세상에서 외톨이라고 느껴질 때
누군가는 걷고, 누군가는 버스를 타고
정해지지 않은 어떤 곳으로 가보려 한다.
움직이지 않고 있으면
정말 외로워져 버리기 때문에.

익명으로 낯선 사람들과 풍경 속에 스며들어서
물에 탄 기름처럼 떠다니더라도
섞이기를 시도해보는 것은 어쩌면 칭얼대보고 싶어서다.
칭얼대도 괜찮아. 아무 짓도 하지 않는 것보다
'나 지금 이렇다고, 상태가 좋지 않다고.'
투덜거리며 불평이라도 하는 것이 낫다.

잘 견디며 살아간다는 말을 듣고 싶은 것이 아니다.
'니가 제일 힘들고 쓸쓸해.
그러니까 아무데나 기대고 싶은 곳에 대고 칭얼대.
너는 그래도 돼.
나에게만 주는 울림 속에서 흔들리고 싶어서다.

자신을 위로하는 방법

사람마다 원하는 것이 다르듯
원하는 것에 이르는 방법도 다르다.
어떤 방법이 옳다 그르다의 판단은 유보한다.
목적지를 향한 각자의 속도가 다르듯
가는 길을 선택하는 것도 각자의 취향이다.

나는 차분히 앉아 글을 쓰는 방식을 좋아한다.
글로 생각을 정리하다 보면 격렬해지던 감정들이
다소곳이 누그러진다.
되돌아볼 시간이 길어지고 내다볼 시간이 생긴다.
후회도 하고 자화자찬도 한다.
방향을 세심하게 따져보기도 하고
가는 길의 생김새를 상상하기도 한다.

글을 써나가면서 은연 중에 위로가 된다.
익숙한 것들을 낯설게 볼 수도 있어지고
지극히 개인적인 일을 객관화시킬 수도 있다.
아는 사람들과 모여서 대화를 하면서도
나는 글의 소재를 발견하려고 한다.
대화 자체도 좋지만

말을 하고 나서면 남는 게 없어서 공허하기 일쑤다.
수다가 힐링이 된다는 것을 부인하는 것이 아니라
힐링의 흔적을 남겨서 비슷한 상황에 처하면 되짚고 싶어서다.

글쓰기는 혼잣말을 하는 것과도 같다.
가상의 대화 상대를 앞에 놓고
조리 있게 나의 언어로 세계를 구축하는 일이다.
자신을 위로하는 방법 중에서 글쓰기는
특별하지 않지만 내공이 깊어질 수 있는 방식이다.

멍 때리기

멍 때리기 대회에 참석해볼까 생각을 자주 한다.
생각할 게 있어서 가만히 앉아 있다 보면
무아지경에 빠지곤 한다.
생각은 어디론가 사라지고
풀린 눈에 들어왔다 나가는 광경들은
그것이나 이것이나 구분이 가지 않는다.
저절로 침이라도 흘린다면 가관이 될 모양새다.
정신을 차리면 블랙아웃이 되었던 머릿속이 개운하기는 하다.
복잡한 일일수록 단순하게 하라고
생각이 생각을 잡아먹다가 멍해지는가 보다.
멍 때리기도 고도의 집중력이 요구된다는 사실.
웃픈 아이러니다.

짬뽕을 먹다가

내 마음이 어떤지 세세하게 아는 사람은 나뿐이다.
내가 어떤 맘인지, 어떤 생각인지 설명을 하려다가
왜, 그래야 하지. 제대로 알아듣지 못할 텐데.
느끼고 있는 것과 설명하는 것은 또 다른 문제여서
상통(相通)이 쉽게 이뤄지기는 힘들다.

괜한 동정이나 받거나
이상한 사람이라고 경멸을 받을 수도 있는데.
어줍잖은 위로를 받으려고 내 감정이
어떤 상태인지 설명하려 하지 말자.
내가 잘 알고 있고 수습의 방법도 알고 있다.
최대한 각별히 위로를 해줄 사람도 나뿐이다.

최선을 다해 지금 내 마음의 움직임에 충실하자.
매운 국물을 마시다 코끝에 맺힌 한 방울의 땀을
국물에 빠지지 않도록 조심스럽게 닦듯
그렇게 세심하게 보살펴 주자.

오락가락

지금 잘 살아야지 나중에 잘 살려고 하지 말자.
늘 생각은 이렇게 한다.
그런데 카드명세서를 받을 때마다
씀씀이를 줄여야겠다.
은행에서 발송된 이자 납입 문자 메시지를 볼 때마다
빚을 얼른 갚아버려야지.
나중에 잘 살 궁리를 한다.
지금 먹고 싶은 것을 먹고 필요한 것을 사고
당장 만족시키며 살겠다는 다짐과
이러다간 나이 들어 궁색해지겠다는
기우 사이에서 오락가락이다.
여태 아끼며 살아야 하는 신세여서
낭비도 아닌 필요를 충당하면서도
나에게 베푸는 일이 맘 먹은 대로 안 된다.
그래도 언제까지나 변하지 않을
내편은 나뿐이라고 응원을 그칠 수 없다.

화장

자꾸 치장해 보여주려 하지 말자.
자신 없어 할 이유가 없다.
잘 보이려고 꾸며도 본래의 모습을 가릴 수 없다.
있는 그대로 드러내야 믿음을 준다.
가장된 모양을 변화라고 착각하지 말자.
진면을 가린 화장발 같은 다름에는 진실이 결여되어 있다.
클린저로 지우고 난 맨 얼굴이 진짜 자신이다.
포장하고 덧씌우기만 하지 말고
가지고 있는 본연의 향기를 진하게 품자.
주변의 누구라도 심호흡으로 빨아들이며 모이게 될 것이다.
본 모습의 가치를 뿜어낼 때 저절로 잘 보여진다.

돌개바람이 준 행운

돌풍에 낙하하던 나뭇잎들이
회오리 치며 하늘로 솟구친다.
낙엽에게 전해진 생의 마지막 비행이
느닷없이 길어지고 장엄해진다.
나무를 벗어난 잎들의 임무는 고요한 추락이었다.
나무발치에 쌓여서 다가올 겨울의 맹렬함을 방어하는 것이었다.

그러나 원하는 바를 이루지 못하고 갈기갈기 흩어지기도 한다.
그런 상황이 와도 나뭇잎들은 억지로
의무를 이행하려 하지 않는다.
쓸려가고 나부낌에 순응을 한다.
다른 나무 밑이거나 숲의 다른 골짜기에
떨어져 깔려도 무방하기 때문이다.

뜻밖에 닥친 공중부양처럼
대응하지 못할 상황이 간혹 오기 마련이다.
그럴 때면 프로펠러처럼 회전하는 이파리들 같이
저항하지 말고 상황에 맡기면 된다.
중과부적의 순간은 자신의 의지가 개입되어도
바뀌지 않는 경우가 대다수다.

개입을 포기하고 내려놓으면 지나간다.
나뭇잎처럼 돌개바람이 의외의 공중여행을 선사할지도 모른다.
다른 세계로 비상하는 행운이 될 수도 있지 않겠는가.

조급해지면
닿고 싶은 곳에 가지 못하고 자빠진다.
간절하다고 조급함을 포용해주지는 않는다.
서두르지 말자.
가슴을 비웠다고
머릿속 생각까지 금방 비울 수는 없다.

잠시만요, 커피 한 잔 타 올게요

너 괜찮아, 미친 놈, 실없이 웃지 마.
앞 이가 덜컹거리잖아.
굴욕이다. 그만 웃어.
웃음이 사람을 바보로도 둔갑시킨다.
재수 없다. 그쳐라.
이제 억지로 안 웃어도 돼.
누가 그러더라.
속상하고 배알이 꼬이면
잠시만요, 커피 한 잔 타 올게요 하고
화장실 가서 실컷 침이나 뱉고 오라고.
목구멍에 진하게 걸린
거짓말을 다 토해버리라고.

나는 새는 뒤돌아보지 않는다

날갯짓을 시작한 새는 뒤를 돌아볼 수가 없다.
잠시의 멈춤은 추락이기 때문이다.
정한 방향을 향해 나가기 위해서 돌아봄은 나락을 의미한다.
속도를 유지하려면 뒤돌아볼 여유가 없다.
쉬지 않고 날갯짓을 하기 위해서는 힘을 집중해야 한다.
해찰은 공중으로부터 곤두박질이다.
날아가는 새는 앞만 바라본다.

4

삶의 맛

다른 언젠가부터

떠남과 돌아옴에 의미가 붙게 되기를.

그리하여

새롭고 각별한 시간을

살 수 있게 되기를.

너무라는 말 속엔

너무라는 말을 많이 쓴다. 너무나 친근한 말이다. 아무 때나 아무 말에나 붙여 써도 좋다. 부정을 강조할 때도 긍정을 증대시킬 때도 쉽고 효과적이다. 너무라는 부사는 일정한 한계나 정도를 훨씬 넘어선 상태를 나타낸다. 대표적 쓰임을 보면 평범한 좋은 정도를 넘어선 상태로 '너무 좋다.' 일상적으로 싫은 정도를 초과한 상태를 '너무 싫다.' 로 표현한다. 더군다나 대화 중에 너무를 중복해 상태를 극대화 시키기를 좋아한다. '너무너무, 너무나 너무나' 이처럼 너무라는 말 속엔 지루함을 견디지 못하겠다는 속 뜻이 담겨있다. 일반적인 감정의 표현으로는 잘 전달되지 않는 부족을 만회해야겠다는 의지가 개입되어 있다. 삶이 무료한 사람일수록 너무라는 말을 입에 달고 산다. 감정을 발산하고 싶은 욕망이 강한 사람들에게 너무라는 말은 감탄사와도 같다. 그러나 너무는 과잉어가 아니라 절제어다. 넘어설 수 있는 한계 이상을 넘어 정신이 통제할 수 없는 상태까지 가지 않으려는 한계어다. 너무라는 말이 너무 알맞다.

시계를 풀며

손목시계를 풀어 탁자에 놓는다. 손에 쥐고 다녔던 하루만큼의 긴장을 내려놓는다. 길게 숨을 내뱉고 나면 맥이 풀리듯 근육의 팽팽함이 완화된다. 이 순간이 가장 마음 놓이는 시간이다. 시계를 몸에서 분리해내야 시간이 편해진다는 것이 앞뒤가 어울리지 않는 것 같지만 절묘하게 맞닿아 있다. 시계가 수갑처럼 나의 행동을 구속하고 할 일과 하지 말아야 할 일을 감시하고 있었나 보다. 시계를 풀면 마음이 풀린다. 시계는 탁자 위에서도 째깍이며 쉬지 않고 움직이겠지만 팔목은 초침의 움직임을 감지하지 못한다. 시간으로부터 독립된 몸이 긴장된 마음을 풀고 쉴 수 있게 된다. 작은 진동이 신체의 전부를 통제하고 있었다. 초침과 분침의 진행에 따라 뇌세포도 등속도로 따라 움직였다. 시계자국이 옅어져 가는 손목으로부터 파생된 자유가 탁자를 지나 집안 전체로 퍼진다. 아늑하다. 모든 시간을 얽매여 지내는 것은 인간의 본성에 맞지 않는다. 완전하게 방치되는 것도 절대적으로 원하지 않는다. 모순이다. 매임과 풀림의 적당한 타협점을 찾으려 하는 이유다. 나에게 모순의 해소는 시계를 차고 푸는 행위를 통해서 구분선을 그리는 것이다. 아침이 되면 풀어놓은 시계를 탁자 위에서 집어 든다. 휴식이 무한정 이어질 수는 없다. 끝없이 쉬어야 한다면 지루해진다. 나태해진다. 긴장이 없으면 나약해진다. 달달한 휴식을 다시 기약하며 시계를 손목에 채워야 한다.

관계 다이어트

무리인줄 알면서도 넓히는데 목적을 둔 관계의 확장은 결국 알맹이가 빠진 껍데기로 남는다. 외롭고 심심하다는 이유를 대며 문어발처럼 달라붙고 화살나무처럼 가지를 뻗어 관계를 얽는 시간이 지나고 나면 허무해진다. 관계는 관계를 맺는 목적이 뚜렷하던지 맹목적이던지 해야 한다. 테두리 안에 있는 구성원들 모두의 행복을 추구하는 관계. 사랑처럼 절대의 믿음과 희생이 아무렇지도 않은 관계. 동아리처럼 같은 취향이나 같은 생각을 공유하는 관계. 지향하는 바가 일치하지 않는 관계는 시간을 덕지덕지 삼켜버리는 괴물일뿐이다. 굳은 맹세가 없는 관계, 돈독한 정이 없는 관계, 보이지 않아도 아무렇지 않는 관계들은 아무데도 쓸데없는 군살과도 같은 것이기 때문이다. 시간 낭비다. 쓸모없이 버려지는 정열 허비다. 어떤 관계든 비용이 들어가고 시간이 투자되기 마련이다. 비경제적인 투입을 하다가는 망하는 길뿐이다. 필요하지 않는 살이 찌고 몸이 부풀어 움직이기 거북해지면 다이어트를 해야 한다. 군살과 비만은 만병의 근원이다. 관계도 마찬가지다. 있어도 그만, 없어도 그만. 절실하지도 않고 도움도 되지 않는 관계는 잘라낼 필요가 있다. 과잉이 정신을 난잡하게 만든다. 시간의 균형을 무너뜨린다. 조금은 심심해야 알뜰하게 관계를 돌보게 된다. 조금은 외로워야 시간이 귀해진다. 디톡스를 하듯 뚱뚱해진 관계의 체중을 빼자.

자선냄비

붉은 냄비에 지폐 한 장을 넣고 나서 여운이 남아 잠깐 멈춰 선다. 다가오는 이들보다 멀찍이 돌아가거나 걸음의 속도가 빨라지는 이들이 많다. 여유가 없기도 하겠지만 자신도 위로 받지 못하면서 알지도 못하는 누군가에게 베푸는 선심이 위로가 될지 망설여지기 때문일 거라 짐작을 한다. 사람은 누구보다도 먼저 자기가 위로를 받고 싶다. 지금 가장 힘들어 하고 애타게 살고 있는 사람이 자신이라고 믿기 때문이다. 나도 그렇다. 멈추지 못하고 글을 쓰고 마음을 추스르기 위해 치유가 될만한 글귀들을 읽고 필사를 하는 까닭이다. 그러나 다른 이에게 속을 다 털어놓고 위로해달라고 말하지 못한다. 받아들여질지 모를 일이고 자존감이 떨어진다. 속 시원히 털어내는 것이 그리 어려우냐고 그깟 자존심 지켜봐야 자기만 손해라고 쉽게 말할지도 모르겠다. 그러나 그렇게 간단히 맘 먹어지는 것이 아니라는 걸 그도 알고 나도 안다. 다른 이를 수월한 말 한 마디로 토닥거릴 수는 있지만 내가 다른 이에게 건성 대는 말 몇 음절로 위로를 받고 싶지 않은 게 문제다. 진심이 간곡히 담긴 위안이 간절히 필요하다. 자선냄비 앞에서 나에게 위로의 지폐를 선물한다. 살얼음이 끼고 외투 깃을 치켜세워야 할 정도로 추워지면 뜨끈한 우동 한 그릇 훌훌 마시며 잠시나마 한기를 몰아내는 것처럼 힘겨움을 마셔서 녹이라고. 우선 나에게 자선을 베풀자고. 구세군의 종소리가 은근하게 귓가를 감싸고 돈다.

참을 필요 없어

하고 싶을 때가 있으면 참지 마. 할 수 있는 것과 못하는 것도 하늘과 땅 차이듯 놓쳐선 안 되는 때가 있다는 걸 간과하고서는 나중과 지금을 분간 못하게 돼. '나중에 잘 할게' 라고 말하는 순간 하고 싶은 것이 아니라 해야 하는 것으로 변질되는 거야. 나중에라는 말은 지워버리자. 누구나 나중을 사는 것이 아니라 지금을 산다. 눈물이 나는데 나중에 울겠다고 꼭 쥔 손으로 눈을 막는다 해서 눈물을 멈출 수는 없지. 정말로 내키지 않을 땐 주먹을 쥔 손으로 입을 막아야 눈물을 틀어 막을 수 있어. 흐느낌마저 막아야 눈물을 원천 봉쇄하는 거야. 그런데 그렇게까지 참아서 뭘 할 거야. 속에서 천불이 나는데. 하고 싶은 걸 못하게 한다고 후련해지지 않아. 욕망이 해소되지 않으면 하고서도 안 한 것 같은데. 눈물이 나려고 하면 그냥 울자. 울고 싶잖아. 의지와는 무관한 본능을 막으면 병이 된다. 창피한 것도 아니야. 본능은 막아선다고 멈춰지지 않아. 발산하고 말아야 갈증이 사그라드는 거야. 억제가 억울함을 만든다. 참지 말자. 참을 필요 없어. 눈물이 나면 펑펑 소리지르며 울자. 주먹을 펴고 손바가지를 만들어서 줄줄 흐르는 가슴을 받아내자. 끝끝내 그 눈물 속에서 허우적거려도 된다. 그게 나니까. 그래야 무너졌다가 훌훌 털고 일어날 테니까.

루틴

루틴은 달리 말하면 습관이라고 할 수 있다. 운동 선수들이 최고의 능력을 발휘하기 위하여 습관적으로 하는 동작이나 절차를 루틴이라고 말한다. 여러 사람이 비슷한 루틴을 가질 수도 있지만 같지는 않다. 동작 자체의 하나 하나, 동작에 담는 시간과 의미가 사람마다 다르기 때문이다. 일정한 습관적 동작을 하지 않으면 불안과 긴장이 해소되지 않아 원하는 결과에 도달하기 어렵게 된다. 일관되게 이뤄지지 않으면 아이러니하게도 루틴이 아킬레스건이 되기도 한다. 그러나 루틴은 99.9%가 긍정적 영향력을 가진다. 어떤 일이든 실행 하기 전에 자세와 심리상태를 안정시켜 준다. 준비된 자세가 안정성을 제시해 주고 실행절차를 순조롭게 해준다. 예를 들자면 골프에서 샷을 하기 전에 거의 모든 골퍼들은 일정한 동작을 한다. 프리샷 루틴이다. 티샷을 할 때나 세컨샷을 할 때도, 퍼팅을 할 때도 같은 동작을 반복한다. 미세한 동작 하나의 차이가 현격한 결과의 차이로 나타나는 골프에서 프리샷 루틴은 심리상태를 진정시키고 연습한 대로 능력을 발휘할 수 있게 해주는 중요한 동작이다. 일상에서도 마찬가지다. 루틴을 가진 사람은 그렇지 않은 사람보다 안정되어 있다. 하는 일에서 최상의 능력을 발휘할 준비가 되어 있다. 준비가 제대로 되어 있지 않은 상태에서의 실행은 타고난 능력이 뛰어난 사람일지라도 좋은 결과에 쉽게 이르지 못할 수 있다. 운도 준비된 사람에게 오는 것이다. 루틴은 화려할 필요가 없다. 복잡하지 않아야 된다. 그렇지만 지켜져야 하는 법칙이 있다. 구체적이어야 한다는 것이다. 동작의 횟수, 소요시간이 명시적으로 드러나 있어야 된다. 그러거나 말거나 루틴의 기본원칙은 자기에게 적합한 동작이면 된다. 마음 속으로만 하는 다짐 같은 루틴보다는 행동이 수반되는 루틴이 바람직하다. 몸이 움직임으로써 마음에 새겨지는 속도와 강도가 명확해지기 때문이다. 손가락 깍지를 끼고 힘을 불어넣었다 뺐다를 세 번 반복한다거나 양쪽 귓불을 위에서 아래로 쓸어주듯 가볍게 잡아 당기기를 세 번 한다거나, 자기암시를 줄 수 있는 방식이면 된다. 루틴의 실행은 자신감을 주고 내면에 긍정적 화학반응을 일으켜 적극적이 되게 한다. 나의 루틴은 눈을 감고 손바닥으로 눈 주위를 오른쪽으로 다섯 번, 왼쪽으로 다섯 번 힘주어 돌리는 것이다. 눈이 피로감에서 벗어나야 의욕이 생기고 자존감이 부풀어 오른다. 당신의 루틴은 어떤 행동인가?

나중에 라는 말은 지워버리자.

누구나 나중을 사는 것이 아니라 지금을 산다.

눈물이 나는데

나중에 울겠다고

꼭 쥔 손으로 눈을 막는다 해서

눈물을 멈출 수는 없지.

어쩌다가

어쩌다가 단순해져 버렸다. 출세가 뭔지 개념도 못 잡으면서 높이 오르려 했다. 행복이 뭔지 막연한 욕망만 키웠다. 남에게 손 벌리지 않을 정도로 궁핍하지 않으면 된다는 것을 이제 알았다. 남의 눈에서 눈물 흘리지 않도록 살아가는 것이 성공한 삶이라는 것을 늦게야 깨닫는다. 어디에 있건, 어느 시간에 있건 마음 느긋하고 꺼림칙하지 않으면 행복한 거라는 것을 너무 뒤처져 체감한다. 이제 그렇고 그랬던 부담스러운 생의 시절들을 잃어버렸다. 단출해진 기억들만 갖고 있다. 복잡했던 고민과 잘 살아보리란 억척스러움에서 놓여졌다. 그런데 한없이 어깨가 처진다. 사랑했던 사람들이라고 과거형으로 불러야 하기 때문이다. 뒤처진 깨달음이 회한이 된다. 어쩌다가 과거형으로 생을 산다. 어쩌다가 어느 날이 되면 현재형으로 살아도 되기를 소원하면서 산다. 늦음을 알았으니 점차 좋아질 것이다. 이미 늦었으니 조급하게 서두르지 않아도 된다. 실타래를 돌리듯 조심스럽게 생의 시간을 당겨 감으며 앞을 향해 나갈 것이다. 그러다가 괜찮아진 나를 발견하는 여유로운 날에 있게 되리.

관계의 맛

알고 있는 사람들 전부와 좋은 관계를 유지하려 무리할 필요는 없다. 좋으면 좋은 걸 테지만 그럴 수 없다는 것을 이성적으로 인지하고 있다. 전부가 좋다고 믿고 있는 사람은 그랬으면 하는 희망을 품고 있거나 자신 있게 내편이다라고 말할 수 있는 사람이 많지 않다는 사실을 부정하고 싶은 사람이다. 살다 보면 우호적인 사람과 비우호적인 사람의 숫자가 비슷하다. 우호적이라고 믿고 있는 사람도 속내가 그렇지 않을 수 있다. 반대로 비우호적이라고 판단했던 사람이 결정적 순간에 나와 뜻이 같다는 것도 경험하게 된다. 사람의 관계에는 이해관계가 없을 수 없다. 무조건적인 사랑으로 묶여있다고 생각하는 가족도 사실은 각자의 생각이 다르면 대립하게 되고 잘못 엇나가면 남보다 못한 경우가 제법 많다. 어제까지 없으면 죽을 것 같은 연인도 감정이 파열될 만큼 다툼이 일어나고 배신감을 느끼게 되면 영영 보지 않을 정도로 등을 지게 된다. 사람이 사람과 맺고 있는 연결이 절대적으로 좋은 관계, 끝까지 나쁜 관계라고 단정지을 수 없다. 처해진 상황에 따라서. 갖고 있는 신념에 따라서. 사회적 지위와 종교적 편향에 따라서 오늘과 내일의 관계가 달라질 수 있다는 것을 부정하지 말아야 한다. 주변 사람들에게 다 잘하며 살 수 없다. 내가 좋아한다고 그 사람이 나를 똑같이 좋아한다고 장담할 수 없다. 반대로 내가 별로라고 여긴 사람이 나를 특별하게 생각하고 있기도 하다. 관계는 상대적이다. 절대적 기준을 세워놓고 이쪽과 저쪽으로 편을 갈라놓아서는 안 된다. 내가 좋게 생각하면 좋은 것이다. 내가 거추장스럽고 피하고 싶으면 그다지 이어갈 이유가 없는 관계다. 잘 보이려고 나를 감추거나 희생하려 하지 말자. 싫은 사람에게는 무관심하면 된다. 싫다고 일부러 정색을 하며 말하지 않아도 된다. 공연히 원망을 사서 사사건건 기분 상하는 관계를 만들지 않아야 내가 편하다. 나를 질시의 눈으로 흘겨보거나 이유 없이 큰 목소리로 비난하는 사람에게 마음 쓰며 상처받지 말자. 가까이 하려고 노력하지 않아도 될 사람이다. 내가 아무리 관대하게 대해도 기고만장할 뿐이다. 마음 놓고 너스레를 떨고 품을 파고 들어도 거부하지 않는 사람이 얼마나 되는가. 그들이 나에게 정말 괜찮은 사람이다. 맛있는 관계다.

겨울잠

낮잠이 늘었다. 밤에 충분히 자지 못해서 라고 핑계를 댈 뻔했다. 사실 혼자 있는 시간이 견디기 힘들게 무료해서 잠이라도 자 보는 거다. 암막커튼을 치면 낮과 밤의 구분이 애매해져서 잠자기에 좋다. 한숨 옅은 잠을 자고 나면 울적했던 기분이 쬐끔은 풀어진다. 휴일 하루의 긴 시간을 잘라내는 방법치곤 경제적이다. 이걸 할까, 저걸 할까. 어디라도 가야 하는 것 아닌가, 뭐라도 해야 하는 것 아닌가. 괜스레 아무 거라도 해야 할 것만 같은 궁색한 궁리를 하지 않아도 된다. 누적되어 있는 피로도 일부 도려낼 수 있다. 밤 늦게까지 잠 잘 생각이 없어진다는 부작용이 있긴 해도 감내할만한 가치가 있다. 날씨 좋은 봄, 가을에는 가벼운 차림으로 산책을 하던지 배낭 하나 메고 둘레길을 작정하고 걷겠지만 겨울의 날씨는 변덕스러워서 그런 호사를 감행하기가 부담스럽다. 특히나 살집도 없어서 추위에 민감한 마른 체질이 실내 생활을 벗어나려 하지를 않는다. 동면에 든 반달곰같이 웅크리고 누워 짧은 겨울잠을 잔다. 빛이 들어오지 않는 나만의 동굴은 아늑하다. 미세물방울을 분무하는 가습기가 쑥 향을 사방으로 날려댄다. 온수매트의 부드러운 온도가 침구들을 달구며 근육들을 이완시켜준다. 은은한 마늘 향이 나는 것도 같다. 잘 자고 일어나면 환골탈태한 다른 사람이 될지도 모를 일이다. 희망사항이 엉뚱하다. 오죽하면 이러겠는가. 너그럽게 대해달라는 비명소리로 들어주기를. 단꿈이라도 꾸면 더없이 행복하겠다. 그리운 이들이라도 만나게 되면 나 제법 잘 버티며 살고 있다고 너스레를 떨어야겠다.

무너지고 나서야
중심을 붙들려 하면 아무 소용없다.
말은 적을수록 무게가 생긴다.
말의 중심은 절제다.

가야 할 때 무거워지지 말자

연말이 되면 정을 나눴던 동료이자 선배를 보내줘야 한다. 삼십 년 이상 다녔던 직장을 떠나야 하는 입장을 짐작만 한다. 몇 년 후면 나에게도 닥칠 일임에도 지금 당사자가 아니어서 가늠하는 것이 다일 수밖에 없다. 무겁고 가라앉은 목소리로 전화를 해온다. 애써 당당한척 하지만 전해져 오는 느낌은 전혀 그렇지 않다. 떨고 있다. 불안해 하고 있다. 젊은 노인이 된다는 슬픔이 덕지덕지 묻어 있는 목소리를 들으며 '고생했소. 잊지 말고 연락하며 종종 소주 한 잔 합시다.' 위로라고 뻔한 말을 할 수밖에. 가야 할 때 나는 절대 무거워지지 말자고 다짐이나 해본다. 아쉬움은 남겠지만 걱정에 물들어 초조함을 남기진 말자. 정년퇴직이야 복된 물러남이지만 떠남이 종용 되는 명예의 허울을 쓴 퇴직은 속이 불편하다. 유독 친한 아군이었던 사람들, 서로에게 거짓이 없었던 든든한 존재들이 한꺼번에 회사 밖으로 오늘 나섰다. 뒷모습을 볼 수 없었다. 남아 있는 시간 동안 당당하게 떠날 채비를 해야겠다. 돌아서서 미적거리지 않도록 떠남의 거리를 만들어 놔야겠다. 재직 중에 충분히 잘 해왔으니 회사의 울타리를 벗어나서도 충분히 잘 살아갈 수 있도록 다른 나를 만들어야겠다. 행복해지자. 단단해지자. 거듭거듭 나에게 너그러워지자. 나에게 사랑을 선물하자.

무게를 져야 할 때

삶의 모습들이 다르듯 져야 할 무게가 다르다. 같은 삶을 살 수 있는 사람은 세상에 존재하지 않는다. 사람뿐만 아니다. 우주에 존재하는 생물은 죄다 마찬가지다. 다름은 생명체의 본질적인 속성이다. 다름이 아쉬워 동질성을 찾고 이어서 공동체를 형성하고 군락을 이루며 산다. 공동체들이 모여 사회를 이루고 국가를 만든다. 그러나 군집의 무리에 속해 있어도 개개인은 전혀 다른 생명체다. 다른 무게를 짊어지고 살 수밖에 없다. 그렇다고 무게의 가치가 다른 것은 아니다. 가볍거나 더 무거운 것도 아니다. 자신이 져야 할 무게가 자신에게는 절대적인 가치다. 삶의 무게는 나눠서 질 성질의 분리성이 없다. 내가 지고 있는 무게를 감당하려고 나는 고뇌하기도 하고 속절없이 내달리기도 한다. 무겁지만 벗어날 생각은 없다. 버겁지만 떼어낼 수 없음을 인정한다. 무게를 지고 있을 때가 살아 있음을 느끼는 때다. 무게를 져야 한다면 기꺼이 등을 열어줄 것이다. 존재의 가치가 있음을 증명할 기회가 부여되는 것이기 때문이다.

힘들다. 괴롭다. 안간힘을 쓴다. 그렇게 무게를 지탱하며 나는 살아 있다.

안전거리

거리의 확보는 중요한 변수다. 차간 거리를 유지하지 않으면 돌발상황에 대처하지 못하고 추돌사고를 내는 것처럼 관계의 거리가 적당하지 않으면 잦은 의견충돌이 일어난다. 충돌은 갈등을 불러오고 먼 거리를 만든다. 오랜 기간 동안 튼실하게 쌓아놓은 좋은 감정을 날카로운 사금파리로 잘라놓는 것과 같다. 우정의 거리, 사랑의 거리, 상하관계의 거리, 가족의 거리, 동료의 거리. 살면서 다양한 거리의 사슬에 엮이기 마련이다. 하나의 거리라도 깨지면 삶의 활기가 균형을 잃는다. 심리상태가 불안정해지고 의식의 바탕에 불편함이 새겨져 다른 거리까지도 영향을 미치기 때문이다. 거리의 유지에 가장 중심적으로 필요한 요소는 조율이다. 나만 지키면 되는 것이 아니기에 적당한 거리를 만드는 것이 어렵다. 지나치게 가까우면 함부로 하게 된다. 조금이라도 멀면 소홀하게 된다. 거리의 반대편에 있는 사람이 어떤 성향인지, 무엇을 원하는지, 언어의 높낮이는 어느 정도인지, 성격이 느긋한지, 까칠한지. 많은 조건들이 고려되어야 한다. 물론 나를 포기하고 상대에게 맞추는 것도 좋은 거리를 만드는 것이 아니다. 거리를 만들고 유지하는 것이 결국은 내가 중심에 있어야 의미가 있는 것이다. 그러므로 거리는 관계를 유지하고자 하는 특정한 사람들이 특별해지고 싶은 노력의 산물이다.

"나를 배려하는 것만큼 너를 배려하는 것을 나는 안전거리라고 단언한다."

무게를 지고 있을 때가 살아 있음을 느끼는 때다.

무게를 져야 한다면 기꺼이 등을 열어줄 것이다.

존재의 가치가 있음을 증명할

기회가 부여되는 것이기 때문이다.

힘들다. 괴롭다.

안간힘을 쓴다.

그렇게 무게를 지탱하며 나는 살아 있다.

노력과 실력

다르게 살고 싶었는데
그다지 다름을 느끼지 못한다면
노력이 부족한 것이 아니다.
다름을 해석하는 실력을 키우지 못해서다.

말의 중심

말이 길어지면 지루해지고 자기중심이 돼버린다. 적당한 순간에 멈추는 것이 좋다. 끊어내기가 아쉬울 때가 멈춰야 할 순간이다.

말이 말을 만들어내고 말 스스로가 중심이 되면 품격이 없어진다. 내뱉은 말을 변호하다 궤변이 된다. 말의 중심은 들어주는 상대방이어야 한다. 말로써 말의 가치를 만들려면 귀를 쫑긋거리게 해야 한다. 고개를 돌리거나 다른 곳을 힐끔거리면 말은 이미 중심을 잃은 것이다.

하고 하고 하면서 살아야 하는 게 말이다. 한 번에 하고 싶은 말을 전부 하려는 욕심이 말을 추하게 포장한다. 장황할수록 거짓이 섞인다. 화려할수록 과장이 된다.

중심을 잃고 바로 서 있을 수 있는 것은 없다. 그래도 쓰러진 기둥은 다시 일으켜 세우면 된다. 허물어진 건물은 철거하고 새로 지으면 된다. 그러나 한번 균형을 잃은 중심을 고쳐 세울 수 없는 것이 말이다. 무너지고 나서야 중심을 붙들려 하면 아무 소용없다. 말은 적을수록 무게가 생긴다. 말의 중심은 절제다.

같이 산다는 것

비어 있는 집에 들어 가는 것이 아직도 낯설다. 그 낯섦이 익숙해졌다. 문을 열고 들어가자마자 베란다 창문을 연다. 손목시계를 풀러 거실 테이블 위에 올려놓고 바지주머니에서 지갑과 차키를 빼서 가지런히 시계 옆에 놓는다. 안방에 딸린 드레스 룸으로 가서 바지와 셔츠를 벗어 걸고 욕실에 들어가 세안부터 한다. 얼굴의 물기를 쓱쓱 문질러 닦고 반바지와 헐렁한 셔츠를 입고 냉장고를 열어 생수를 한 모금 마시고 아무 소리도 없는 정적이 싫어 TV리모컨을 켠다. 소파에 앉아 이리저리 리모컨을 운전하다 결국 뉴스나 골프채널에서 멈추고 만다. 어스름이 베란다 옆에 와 있다. 뭐라도 먹어야 할텐데, 냉장고를 열었다 닫았다 반복하다 지갑과 핸드폰을 챙겨 들고 나간다. 가까운 식당에서 오늘도 적당한 국밥 한 그릇으로 때운다. 가볍게 산책을 하고 캄캄한 어둠이 들어찬 거실에 들어앉아 TV를 본다. 스스륵 잠이 올 때까지.

집을 나설 때에는 공연히 움직임이 빨라진다. 집을 비워주는 일은 빨라야 좋다. 알람이 소리를 내지 않아도 일정한 시간에 일어나고 기계적으로 냉장고를 열어 물 한 컵을 마신다. 침침한 눈을 비비고 욕실로 들어가 칫솔질을 하며 샤워기 아래서 물을 뒤집어 쓴다. 몇 번을 썼을지 모르는 타월로 물기를 대충 닦아낸다.

드라이기로 머리를 말리고 스킨과 로션을 바른다. 옷장을 열어 속옷부터 셔츠와 바지를 꿰어 입고 경건한 의식이라도 치르듯이 비타민과 간장제와 위장에 좋다는 알약을 챙겨 먹는다. 밟히는 대로 신발을 꿰어 신고 현관문을 나선다. 하루의 시작은 그렇게 단순하고 단조롭다.

며칠 후면 변화가 생긴다. 수원에서 살고 있는 둘째 여동생이 일자리를 대전으로 옮긴단다. 당장 머물 곳을 찾을 때까지는 비어 있는 방이 두 개나 되니 와 있으라 했다. 출퇴근 시간이 달라 겸상을 하며 아침과 저녁 식사를 함께 할 수 있는 시간은 많지 않을 것이다. 그러나 집안에 나 이외 사람의 온기가 들어온다는 것만으로도 따뜻해진다. 가끔 청소도 해야겠다. 라면이라도 끓이고 김치냉장고에서 묵어가는 김치도 썰어야겠다. 같이 산다는 것은 나의 공간을 내어준다는 것이다. 거실의 불이 밝혀지는 시간이 많을 것 같다. 냉장고 여닫는 일이 더 많아질 것 같다. 가끔은 밥솥에서 김이 나기도 할 것이고 가스랜지에서 찌개가 끓기도 할 것이다. 오랜만에 식구 한 명이 생긴다는 생각에 기분 좋은 긴장이 된다. 그렇다고 내 일상에 엄청난 변화가 일어나는 것은 아니다. 환경의 한 귀퉁이가 확장되는 것이다. 거북하지 않은 확장이다.

방만 말고 방관

스쳐가도록 놔 둬야 할 때가 있다.
잡으려 해도 잡을 수 없는 상황이 있기 마련이다.
놓는 것이 아니라 놓치는 것은 중대하지 않아도 속이 쓰린다.
그렇다고 자책할 일도 아니다.
어쩔 수 없는 것으로 받아들여야 한다.
본래 내가 소유할 수 없었던 것일 거라고 포기하는 것이 좋다.

모든 것을 다 가지고 살 수는 없다.
모든 일이 내가 원하는 대로 꾸며지지 않는다.
잃는 것이 아니라 내가 품을 수 있는
한계를 넘은 것이라 생각하는 것이 속 편하다.

다 나를 향해 있다고 자만하면 방만해진다.
절대적인 중요도가 없어진다.
다 품으려다 형편없이 너저분해진다.
꼭 쥐고 싶고 그래야 할 것이 아니라면 놓치기 전에 놓아주자.
놓아주면 속 아프지 않게 된다.
아쉬움이 쬐끔은 남을지라도 오래도록
안타까움으로 마음을 긁지 않을 것이다.

방만 말고 방관, 못 가져도 크게 곤혹스럽지 않다면
바람처럼 지나가도록 놓아주는 것이다.

비어 있는 집에 들어 가는 것이
아직도 낯설다.
그 낯섦이 익숙해졌다.

의미의 의미에 갇혀

마른 기침이 잦다. 목이 갑갑해져 큼큼거리게 된다. 가을이 깊어지고 있나 보다. 수확이 끝난 논바닥에 볏가리들이 하얀 비닐로 씌워져 공동묘지의 질서를 염탐하기라도 하는지 묘들처럼 줄 맞춰 서 있다. 손에 들린 물병의 뚜껑을 열고 한 모금 찔끔 입안에 머금고 마른 입술을 적신다. 꿀꺽거리며 마시지 않아도 갈증이 가실 때가 있다. 목이 타는 것은 많은 양의 목마름이 아니다. 작은 물기만 넘겨줘서 물맛을 느끼게 해주면 충분하다. 가슴이 타면 병 뚜껑을 버려야 한다. 아직 가슴까지 가을이 파고들어 오지는 않았다. 깊을 대로 깊어진 하늘빛이 실눈을 뜨게 한다. 나른한 가을 풍경이다.

잘못 볼 수 있다. 못 보고 지나칠 수 있다. 다르게 보는 것을 잘못되었다 말하면 안 된다. 바라보는 시선이 문제가 아니다. 사물을 받아들이는 가슴의 문제다. 풍요와 절실한 노동의 상징인 볏가리들을 묘지처럼 인식하는 것이 다른 이들에게 어떻게 보여질까 부담스럽기는 하다. 그러나 죽음의 냄새를 맡는 것도 아니다. 새파란 하늘을 향해 느긋하게 펴져있어서 편안함을 느낀다. 반짝이며 햇빛을 반사하고 있는 모습이 새삼스럽게도 마음을 노곤하게 해준다. 지금 하고 있는 걱정을 내려놓으라고 채근한다. 쉼 없이 각박해지고 있을 때가 오히려 가장 잘 쉴 수 있을 때라고 말해주는 것같다. 볏가리들 사이로 들어가서 한 자리 차지하고 퍼질러 누워보고 싶어진다.

이처럼 어떤 표현은 드러난 의미와 숨은 의미의 맥락을 잘 읽어야 한다. 그렇지 않으면 느낌이 한정되고 만다. 의미의 의미에 갇히는 것이다. 가을은 와 닿는 대로 느껴야 한다. 가을은 누구나 편해졌으면 좋겠다. 말하고 싶은 대로 말하고 거리낌이 없이 부르고 싶은 노랫말을 흥얼거렸으면 싶다.

마음 닦기

눈에 들어오는 사물들이 수선스러울 때, 귓가를 도는 소리들이 소란스러울 때 가만이 눈을 감고 있으면 편안해진다. 시각과 청각은 명쾌하게 외부의 환경을 구분하게 해주지만 가끔은 거추장스럽기도하다. 무감각에서 평화를 얻을 수 있을 때 나는 눈을 감는다. 단순히 눈꺼풀을 내리는 작은 행위가 나를 현실의 세계와 완전하게 분리를 해준다. 눈과 귀를 열고 있을 때는 느끼지 못했던 흐름들이 눈꺼풀 안쪽을 충만 시킨다. 한시도 나를 떠나지 않고 지켰던 공기의 입자들이 들숨과 날숨으로 채운다. 살살 머리카락을 흔들었던 바람의 파장들도 짜릿하게 느껴진다. 발바닥을 타고 올라오는 땅의 숨소리가 몸통을 공명시킨다. 짙은 나무 그늘에 막혀 확장하지 못하던 햇살의 자기장이 머리 속을 진동시킨다. 속사정이 어지러울 때는 보이지 않는 것들을 품을 수 있어야 개운해진다. 마음을 닦는다는 것은 존재하지 않는 것들을 만들어 보는 것이 아니다. 미처 보지 못하던 것들을 느끼는 것이다.

금지구역에서

'해야 한다' 보다 '하지 말아야 한다'는 규제가 더 많다.
결국은 같은 말이지만 어 다르고 아 다르다.
해야 한다는 하기 싫어도 따라야 한다는 강제된 약속이다.
하지 말아야 한다는 하고 싶어도 참아야 한다는 금지다.

건널목의 신호를 기다리며,
금연설정 구역 표지를 보면서
막히고 망설인다.
일방통행, 소변금지, 출입금지, 통행금지,
경음기 금지, 속도제한.
하고 싶다는 반발금지령을 내린다.

그러나 아무리 많은 금지구역이 막아서더라도
너를 향해 가는 마음을 막아서는 장애가 되지는 않는다.
바람같이, 구름같이 너에게 가는 마음은
무궁한 자유다.

오래 가는 길

친한 친구의 애절한 부탁을 거절했습니다.
돈을 빌려달라는 것도 아니고
물건을 달라는 것도 아니었습니다.
어딘가를 함께 가자는 시간 부탁도 아니었습니다.
그럼에도 불구하고 거절할 수밖에 없었습니다.
간절한 말을 들으면서도 친구의 얼굴을
바로 볼 수가 없었습니다.

거절하는 일은 사소한 것이라도 마음이 아파옵니다.
신상의 어려움을 호소하며 한가지 일에 대하여
눈을 감아달라는 것인데,
눈 감고 모른 척할 수 있는 일이 아니었습니다.
거절하지 않으면
좋지 않은 파급이 일어날 것이 훤히 보이는 일이어서
친구의 섭섭해 하는 마음을
감당하는 편이 났다고 판단했습니다.

한동안 서로 불편한 마음을 가져야 할지 모릅니다.
그러나 친구의 사정을 받아주면
나와 함께 일하는 사람들이 의기소침해질게 뻔합니다.

원칙을 무시당한 심리적 불이익에
시달리게 되는 것을 방치할 수 없는 일입니다.

치명적인 흠을 덮어달라는 간청에
오직 답답했으면 그리 했겠는가, 이해는 가지만
이성의 경종을
외면하고 그러자고 대답 할 수는 없었습니다.

"미안해. 안 되는 것은 안 되는 거야.
옳지 않음을 알면서도 받아준다면
삶의 시간 중 많은 부분을 소모하며 힘들어질 거야."
식어버린 커피잔을 멀끔히 바라보며
어색한 침묵을 지키다 엉덩이를 털고 서둘러 헤어졌습니다.
거절이 친구와 오래 가는 길이었습니다.

숙제하기

쉬운 것이어도 복잡하지 않아도
숙제라는 이름이 붙으면 부담감이 지배한다.
해야만 한다는 중압감이 거부감을 불러와서
동행을 하기 때문이다.

중요한 다른 일을 하다가도
"아, 숙제해야 하는데." 라는 생각이
지금 하고 있는 일의 질을 떨어뜨린다.
하고 싶은 일에만 집중하며 살 수 없지만
의무적으로 해야 하는 숙제로 인해서
하고 싶은 일을 미뤄야 할 때면 신경질적이 된다.

빈둥거리며 살아도 될만하게 여유롭지 않다.
하고 싶은 일만 하며 살 수 있도록 풍요롭지 않다.
그래서 숙제를 하며 산다.
하기 싫어도 해야 하는 일이 숙제다.
불편해진 사람의 마음을 풀어주는 것.
소원해지지 않기 위해 시간을 쪼개 안부를 물어주는 것.
사랑이 식지 않도록
나의 편함을 덜어내 희생하는 것.

아이러니하게도 싫음을 수용할 때 속이 편하다.

거북한 숙제를 잘해야 불안하지 않고 불쾌하지 않다.

좋아하는 것을 흔쾌히 포기할 수 있을 때 숙제가 잘 풀린다.

잘못 볼 수 있다. 못 보고 지나칠 수 있다.

다르게 보는 것을

잘못되었다 말하면 안 된다.

바라보는 시선이 문제가 아니다.

사물을 받아들이는 가슴의 문제다.

표현의 가치

표현 방식이 여러 가지가 있는 것처럼
표현을 이해하는 방법도 여럿이다.
육성을 활용한 방법은 억양을 통해서
감정 상태를 직접적으로 전달하는데 탁월하다.
문자를 통한 글쓰기는 논리와 사유의 정연함과 깊이로
이해의 폭을 넓혀줄 수 있다.
말과 글로 다 표현하지 못하는 애매함은
몸짓과 표정이라는 동작언어가 효과적이다.

표현의 방식은 한가지만 쓰이지 않는다.
말과 동작이 함께 사용되면
감정적 표출이 훨씬 쉬워지고 빠르게 전달 된다.
써놓은 글을 낭독이라는 도구를 사용해 전달하면
감응의 속도가 빨라지고 감명의 깊이가 깊어진다.
상호 어우러져 쓰이면 표현의 가치가 증폭된다.
이러한 작동을 심화시키는 언어들의 합동을
복합언어라고 이름을 붙이고 싶다.

언어는 의사소통에 한정된 기능을 갖지 않는다.
표현이 됨으로써 연설이 되고 문학작품이 된다.

철학이 되고 이념이 된다.
종교적 신념을 체계화시키고 역사 그 자체가 된다.
언어와 문자가 표현의 가치를
다채롭게 높여준다는 사실은 부정될 수 없는 선물이다.

바르게 말하고 정당하게 써야 할
사명감을 가져야 되는 이유가 여기에 있다.
잘못한 말은 상대방에게 치유되지 않는
상처가 되거나 풀지 못할 오해로 남는다.
정확하지 않게 쓰여진 글은 읽는 사람들에게
편견으로 쌓이고 인생의 오류를 경험하게 만든다.
적절하지 않는 표현은 폭력이 되고 만다.
결국 표현도 자기만을 위해서 발현되면 수용되기 힘들어진다.
자신을 표현할 뿐만 아니라
보고 듣고 읽는 사람들이 품어낼 수 있어야 한다.
표현의 가치는 배려다.
나에 대한 배려, 타인에 대한 배려가 융합되어야 한다.

좋은 처세

사회생활이 다 그렇지 라는 폐쇄적 착각은 그만하자.
싫은 자리인데 포승줄에 묶인 것처럼 끌려가야 하고.
좋은 게 좋은 거라고 웃기지도 않은 말 한마디에
과장된 제스처로 웃고.
듣기 싫은 남의 뒷담화에 억지로 동의하고.
왜 우리는 눈치 보는 비굴한 예절에 길들여졌는가.
없는 사람의 뒤통수나 치는
창피한 말을 하고 들으면서도 죄의식을 잊었는가.

소외되는 것이 겁 나고 불이익을 받을까
걱정이 앞서기 때문에 라는 이유만으로는 부족하다.
귀찮은 상황에 놓이기 싫고 대립하는 약자가 감당해야 하는
인격적 무시가 무섭다는 것이 더 큰 이유다.
원하지 않은 말에 침묵하고 수긍이 가지 않는 유머에도
박장대소 해야 살아남을 수 있다는 핑계는 이제 그만 대자.

좋아하는 일도 많고,
좋아할 만한 사람도 많고, 즐거운 생각도 많다.
곁에 있기만 해도 든든하고 떠올리기만 해도
신나고 푸근한 사람도 많은데

굳이 사회생활을 잘하겠다는 욕심으로
구질구질한 사람 곁을 지킬 의무 같은 속박은
만들지 않아도 된다.

우리에게는 자기결정권이 있다.
하고 싶은 것을 할 권리.
싫은 일은 싫다고 할 권리. 부당함을 피할 권리.
좋은 일을 하자. 좋은 사람들과 어울리자.
좋아하는 음식을 먹듯
좋은 언어를 사용하고 좋은 뉘앙스가 베인 말을 하자.
진짜 중요한 처세는
나에게 먼저 잘 대해주는 것으로 시작한다.

복장 터져도

참고 싶지 않다. 참다 복장 터지면 나만 손해다.
목소리만 들어도 짜증 나는 사람이 곁에 있다.
제발 보고 싶지 않지만 그럴 수 없다.
짜증이 나지만 억눌러 참을 수밖에 없다.
가끔 내 안에 잠력으로 존재하는 폭력성에 지고 싶어진다.
주먹을 쥐다 손가락 마디에 쥐가 난다.
화가 난다. 한바탕 인상을 구기고
째려 보기라도 해야 할 판이다.
방출해야 할 때 내뱉지 못하면 병이 된다.
죽여버리고 싶지만 죽일 수는 없고 속으로 증오만 한다.
진절머리 나는 인간을 피하지 못하는 현실의 감옥에
나만 갇혀 있는 것은 아닐 것이다.
누군가, 어딘가 같은 상황에 많은 군상들이
모진 목숨 줄 잡고 살기 위해 꽉 쥔 손등을
부르르 떨고 있을 것이다.
생존은 치졸한 것이어서 화가 나도 참으라고 한다.
눈치 보지 말고 살기로 해놓고
외톨이가 되지 않기 위해서,
동정 받지 않으려고 소심해져서 산다.

처음이라서 그래

'그때 그럴걸' 이라고 자주 후회한다.
처음이라 당황해서 못하기도 했지만
대부분은 방법을 몰랐다.
누군가에게 듣거나 책을 통한 간접적인 경험은 있더라도
막상 상황에 직면하면 서툴러서 메뉴얼대로 하지 못한다.
경험이 축적되어 다음에 같은 상황을 마주하면
잘할 수 있을 거라고 여겨지지만 그렇지도 않다.
비슷하긴 해도 똑같지 않아서 의도한대로 먹혀 들지 않는다.
그 중에서도 사람을 대하는 일이 가장 힘이 든다.
성향이 비슷하다고 알고 있는 지식대로 대하면
실수하지는 않더라도 긴밀해지지는 않는다.
대화를 하면서, 함께 시간을 보내면서
많은 시간을 공유해야 그 사람을 알아간다.
친해지고 싶으면 그에게 나를 맞춰가야 한다.
안다고 아는 만큼 내 판단대로 대하면 안 된다.
나 보다 먼저 다른 사람을 염려해줘야 하는 일이 쉬울 수 없다.
지금 생을 살고 있는 것도,
나와 다른 생과 어울려 살아가야 하는 것도
처음이라 서툰 게 당연하다.

홀로서기

가정을 잘 꾸려 죽는 날까지 든든한 가장이고 싶었다. 딸들과 오붓하게 어린 시절을 회상하고 먼저 간 아내와의 추억담을 나누면서 남김없이 정을 다 쏟아내며 그렇게 사랑이란 울타리를 단단히 치고 살아야 했다. 시집 갈 딸과 마주 앉아 눈물 나는 감동의 서운함을 나눠보고 싶었다. 반찬 두어 가지, 술렁술렁한 찌개 한 가지 올려놓은 밥상머리가 아리게 그립다. 두어 끼 몰아놓은 설거지 그릇들을 설렁설렁 씻으며 얼마나 따뜻했던가. 내일은 뭘 해줄까 심각해지는 끼니 걱정마저도 행복에 겨운 귀찮음이었다. 지금은 주방에서 음식을 하지 않는다. 혼자 먹자고 가스 불을 켜놓고 도마에 칼질을 하기가 성가시다. 겨우 라면이나 하나 끓이고 계란 후라이나 하는 게 전부다. 그마저도 일주일에 한두 번이다. 밖에서 끼니를 해결하고 들어온다. 소주 한 병 들고 들어오는 날에야 가스 불을 켠다. 늘 허기가 진다. 사 먹는 밥은 금세 헛배가 불러서 많이 먹지도 못하고 든든함이 오래가지 않는다. 정이 담겨지지 않아서다. 오늘은 뒤돌아 서버린 시간을 엿보며 많이 울었다. 처음으로 두 눈가를 타고 줄줄 흘러내리는 눈물에 당황했다. 모든 시간을 바쳤던 모든 시간이 바뀌었음을 알았다. 후미진 귀퉁이에 무릎 쭈그리고 앉아 망연해진 모습을 보았다. 억지 용감을 부리지는 않겠다. 이럴수록 차가워져야 한다. 울어야 할 날이 앞으로 얼마나 많겠는가. 그때마다 정신을 놓쳐서는 못 산다. 각자의 삶의 시간 속으로 흩어졌다. 지켜내지 못하고 허물어진 울타리 밑에서 끝도 없이 초라하다. 홀로서기는 내가 해야 할 몫이다. 삶의 2막을 새롭게 열어야 한다. 멈추지 말자. 체념도 말자. 독한 술도 한 잔에 정신을 놓지는 못한다. 삶처럼 독한 시련이 없다. 시련은 나를 깨울 만큼만 온다. 달게 받아내자. 이제 감당하지 못할 고통은 없다. 그런 거다.

지금 생을 살고 있는 것도,

나와 다른 생과 어울려 살아가야 하는 것도

처음이라 서툰 게 당연하다.

돌이켜지지 않으면 놔두자

헛심 쓴다는 말이 있다. 노력한 만큼 얻어내지 못할 때도 그렇지만 헛심은 해도 해도 안 될 때 쓰는 힘이다. 무모한 낭비다. 이뤄지지 않을 일에 매달리면 어리석어진다. 사리분별이 없어진다. 무기력해진다. 나약해진다. 노력하면 될 거라고 착각하게 되는 함정에 빠져서 헛심을 쓴다. 지나간 일은 결코 돌이킬 수 없다. 시간을 돌이켜 과거로 갈 수 있는 타임머신은 존재하지 않는다. 아무리 후회해도 후회만 남는다. 후회가 상심이 되고 병이 된다. 헛심 쓰다 무용해지기 십상이다. 돌이켜지지 않을 것이라면 그냥 놔두자. 마음이 돌아선 사람과의 이별을 놔 주자. 처음처럼 복원되지 않는다. 실패한 일을 성공담처럼 새겨놓지 말자. 실패한 기억을 오래도록 되씹으면 새로운 출발이 무서워질 뿐이다. 아름다웠거나 미웠던 추억도 놔 주자. 돌아갈 수 없는 순간이다. 잃어버린 시간을 주워 올 수는 없다. 버릴 수 있는 것을 버리면 더 좋다. 참심을 쓰며 살자. 가야 할 미래로 가는 타임머신을 타자. 앞으로 가는 것은 돌이키려 할 필요가 없고 돌아설까 걱정할 필요도 없다. 하고 싶어지는 일을 하자. 끌리는 곳으로 가자. 못하면 죽을 것 같이 설레는 시간을 사는, 참심을 쓰자.

서툶이 당연하다

새롭다는 것은 서툴다는 것과 같다. 경험이 많다고 해도 새로운 시작은 처음이기 때문에 능숙할 수는 없다. 서툴러서 설렌다. 처음의 서툶은 당연하다. 기대한 만큼 원하는 방향으로 가지 않을 경우의 수가 더 많다. 시작이 설레는 것은 이전의 결말과는 사뭇 다를 거라는 미래의 결말을 염두해두기 때문이다. 희망이라고도 불린다. 의욕이라고 하기도 한다. 그러나 불안하다. 가슴이 뛰는 이유는 희망 속에 불안이, 의욕 속에 망설임이 깃들어 있어서다. 시작을 준비하면서 결의를 다지며 '화이팅' 을 외치는 것은 희망과 의욕에 내재되어 있는 불안과 망설임으로부터 탈피를 하고 싶어서다. 이미 시작된 상황에서는 뒤돌아 볼 여유가 없기 때문이다. 뒤를 보는 순간 서툶이 사라진다. 설렘이 멈춘다. 기대한 결과에 닿을 수 없다.

돌아설 결심을 하지 않는 동안에는 아직 출발하지 않은 시작을 준비하고 있다고 믿는다. 발을 떼면 조급해 하지 않고 서두르지 않으려 한다. 빠른 걸음으로는 오래갈 수 없다. 느린 걸음으로 가려 한다. 보지 못하고 지나치는 곳이 없도록. 잡지 못하고 놓치는 변화들이 없도록. 주춤거리지 않고 끈기있는 걸음으로 끝에 닿고 싶다. 설렘을 놓지 않고 서툶을 유지하고 있는 한 항상 처음이다.

행복해지기 연습

내가 떠올릴 수 있는 가장 행복한 시간은 십오륙년 전이다. 시간이 많이 지나서 그때의 불편함이나 갈등은 떠오르지 않는다. 없지 않았을 것이고 때로는 심각한 순간도 있었을 것이다. 초등학생이었던 딸들의 손을 잡고 새벽이면 뒷산을 산책하며 나뭇가지를 오가는 새들처럼 짹짹였다. 산뜻한 바람이 부는 햇살 좋은 오후에 인라인스케이트를 배우는 아이들의 뒤를 뛰어다니며 넘어지지 않게 손을 잡아주었던 순간들이 선명한 유화처럼 기억난다. 여행길에 지쳐서 차를 타면 뒷자석에서 옹알거리며 운전석 등받이에 발길질을 하던 시간들이 비몽사몽 아름답다. 어디를 가든, 어디에 있든 함께 손을 내밀고 다녔던 아이들은 지금 곁을 떠났다. 반대편에서 나란히 걷던 아내는 이제 돌아올 수 없는 세상으로 가버렸다. 많은 시간을 절망하며 지냈고 습관처럼 나를 울리며 망가져버린 시간으로부터 분리되기를 원했다. 비워져 있는 마음을 안아주고 싶어서 사람을 만나기도 했다. 그러나 이미 일어난 일이 잊혀지지는 않았다. 나를 위로하기 위해 사람을 만나면 다른 상처가 생기고 상처를 주게 된다는 짤막한 진리를 받아 들었다. 행복은 연습하는 것이 아니었다. 누구나 자신에게 집중하기 마련이다. 누구나 상처가 있고 위안을 받고 싶다. 위로를 향한 허전함이 사라져야 행복해질 수 있다. 다른 사람이 불행을 나누기를 바라면 안 된다. 불행은 전염병과도 같다. 번지지 않게 가둬놔야 한다. 자신만이 불행으로부터 탈출구를 만들 수 있다. 불편하다는 생각이 일어나지 않을 때까지 솔직하게 행복하지 않다는 것을 인정해야 한다. 어느 날 갑자기면 좋겠다. 곤한 잠을 자고 일어난 어느 날 아침이었으면 더 좋겠다. " 지금 행복하다." 고 저절로 웃음이 지어지는 날이.

시간과의 작별은 애매한 것이어서
추억의 장소가 필요하다.
다른 언젠가부터 떠남과
돌아옴에 의미가 붙게 되기를.
그리하여 새롭고
각별한 시간을 살 수 있게 되기를.

꼬막의 계절

소설 『태백산맥』의 주인공 소화가 가장 자신 있게 잘하는 음식의 재료가 꼬막이었다. 물론 갯벌에서 살이 탱탱하게 들어찬 참꼬막이었다. 소설의 주 무대가 벌교라는 지역이어서 더 당연한 맛의 중심 재료가 되었을 것이다. 꼬막은 참꼬막과 새꼬막으로 두 가지 종류가 있다. 참꼬막은 갯벌 속에서 자라고 성장이 더디다. 오로지 사람의 손으로만 채취가 가능하다. 뻘배를 밀며 갯갈쿠리로 갯벌을 긁어가며 한 알, 한 알 건져 올리는 모습을 보았다면 참꼬막을 채취하는 고된 노력의 현장을 본 것이다. 새꼬막은 연근해 바다 깊숙이에서 자란다. 참꼬막과는 다르게 바닷물 속에서 먹이 활동을 한다. 갯벌 속보다는 상대적으로 풍부한 먹이활동으로 인해서 참꼬막보다 성장 속도가 빠르다. 채취도 배를 이용해 바닥을 끄는 어구를 이용해 좀 더 쉽고 대량으로 한다. 그렇다고 어느 한 쪽의 영양가가 높고 낮다고 비교할 필요는 없다. 둘 다 자연산이다. 새꼬막이 양식일 거라는 흔한 믿음은 오해일 뿐이다. 오십보백보다. 쫄깃한 식감과 채취의 방법이 힘들다 보니 참꼬막의 몸값이 상대적으로 대우를 더 받고 있다. 요즘 벌교의 꼬막정식이 전국적으로 유명세를 타고 관광버스가 몰려들고 맛방, 먹방객들이 붐벼 참꼬막의 주 산지인 벌교에서도 자체 소비량이 모자란다고 한다. 벌교 이외의 지역으로 반출해 팔만큼의 참꼬막이 없다는 이야기다. 안타깝게도 참꼬막은 벌교나 가야 볼 수 있는 귀한 몸이 되었다. 새꼬막으로 아쉬움을 달랜다. 참, 좋아라 하는 식재료다. 찬바람이 불고 꼬막 철이 되면 시장에 들려 한 망태기씩 사온다. 물에 담가 해감을 하고 흐르는 물에 네다섯 번 문질러 씻어 채에 건져놓는다. 물이 끓고 나면 불을 끄고 꼬막을 투하한다. 나만의 방법이다. 계속 끓는 물 속에 있으면 꼬막이 입을 다 벌려 속에 있는 영양분을 다 뱉어내고 육질도 딱딱해져 맛이 없어진다. 아예 불을 끄고 이미 끓어오른 온도에 의존해 꼬막이 입을 벌리지 않게 살짝만 데쳐내야 맛과 영양을 다 챙길 수 있다. 주의해야 할 포인트가 하나 더 있다. 한 방향으로 돌려 젓다 물색이 변하면 바로 꺼내는 것이 좋다. 핏기가 살짝 돌 때의 꼬막이 가장 맛있다. 김이 살살 오르는 꼬막을 까서 입안에 넣으면 짭조름하게 터지는 핏기서린 갯맛이 격렬했던 심장을 다독여준다. 잊혀지지 않는 사람이 있듯 절대 잊을 수 없는 맛이다. 벌교의 여자만에 발목을 빠뜨리고 서 있는 것 같다.

마음이 돌아선 사람과의 이별을 놔 주자.

처음처럼 복원되지 않는다.

실패한 일을 성공담처럼 새겨놓지 말자.

실패한 기억을 오래도록 되씹으면

새로운 출발이 무서워질 뿐이다.

아름다웠거나 미웠던 추억도 놔 주자.

돌아갈 수 없는 순간이다.

시간과의 작별

언제부터였을까. 여행을 시작하는 설렘이 없어졌다. 가면 가고 돌아오면 오는 일상의 단절쯤일 뿐 특별한 의미가 되지 않는다. 일상의 단절을 위해 떠난다. 겹겹이 줄을 선 사람들의 행렬을 물끄러미 보며 커피 한 잔 손에 쥐고 맹렬하게 혼자 탑승대기 중이다. 애월의 시퍼런 바다가 문득 보고 싶었다. 검은 바위 사이 해변을 걸으며 절정의 절망으로 살았던 한 해를 보내주고 싶었다. 시간과의 작별은 애매한 것이어서 추억의 장소가 필요하다. 다른 언젠가부터 떠남과 돌아옴에 의미가 붙게 되기를. 그리하여 새롭고 각별한 시간을 살 수 있게 되기를. 남과 다른 시간을 사는 것에는 심리적 기교가 필요한 법이다.

5

괜찮아, 느려도 가고 있으면 돼

아직 멀었다.

후회 뒤에 도사리고 있는

사랑을 잊게 되기까지는.

괜찮아, 느려도 가고 있으면 돼

급하게 마음 졸이지 말자. 아직이라는 말이 서운하지만은 않다. 완벽하게 준비할 수는 없지만 너무 빨리 가려다가 오도가도 못하게 되는 수가 있다. 상처가 덧나면 고름을 짜내야 딱지가 앉는다. 옹이처럼 주변의 살보다 두드러졌다 점점 구별할 수 없을 정도로 옅어져야 아픔을 잊게 된다. 빨리 낫기 위해 아물지 않은 상처를 만지고 건드리면 다시 덧날 뿐이다. 사람에게 받은 상처일수록 깊이가 깊고 아무는 속도가 느리다. 머리는 잊으라, 잊었다 각성을 해도 감정이 쉽게 망각을 수용하지 못한다. 괜찮다가도 불쑥불쑥 걱정이 일어났다가 끝도 없는 바닥으로 추락하곤 한다. 나만 그렇다고, 내 상처가 제일 아프다고 자책하지 말자. 상처에게 노출되면 누구나 맨 살로 받아내야 한다. 충분히 곪아 휴지를 대기만 해도 터져나올 때까지 기다려주자. 억지 힘을 가해 짜내 봐야 더 아프고 다시 곪는다. 치유는 느릴수록 단단해지고 재발하지 않는다. 천천히 가다 보면 숨차지 않아도 어느덧 멀리 가 있게 될 것이다. 마음에 난 상처를 치료하는데 시간을 아낄 필요는 없다. 괜찮다. 느려도 나를 위한 시간을 향해 가고 있으면 된다.

마음풀기

멀리 가기 위해서 속도를 늦춘다. 끈기 있게 가기 위해서는 급함을 피하는 게 좋다. 가깝다고 여겨지는 곳도 발걸음을 떼지 않으면 멀고 멀다. 멀리 보여도 한번 나아가기 시작하면 어느 순간 눈 앞에 나타나듯이 움직임이 거리를 만든다. 그렇다고 가는 걸음을 무작정 지속하기만 할 수는 없다. 자칫 이상증상이 생겨 오도가도 못하게 될 수도 있다. 발자국을 떼기 전에 준비 운동을 충분히 해줘야 탈이 일어나지 않는다. 발가락이 부르트거나 발목을 접지르거나 근육이 마비되지 않고 무던히 도착하고 싶다면 앉았다 일어나며 무릎을 이완시켜야 한다. 허리를 굽혔다 펴고 좌우로 빙빙 돌려 척추를 유연하게 해야 한다. 신체만 준비시키면 안 된다. 목을 돌려 머리를 떠받칠 수 있도록 목뼈의 긴장을 완화시키듯 마음도 떠날 채비를 갖추도록 두드려줘야 한다. 가고 싶은 곳까지 갈 수 있는 최적의 상태를 갖추는 것은 몸의 상태보다도 마음의 상태가 우선이다. 흔히 의지라고도 하고 집념이라고 부르기도 한다. 비장감이 들어서 이런 말은 거북하다. 몸풀기에 빗대어 마음풀기라고 말하고 싶다. 무엇인가를 하고 싶거든 굳어 있는 마음을 먼저 풀어줘야 한다. 어딘가를 가고 싶거든 뻣뻣해져 있는 마음을 돌려줄 윤활유를 끼얹어야 한다. 마음도 허리를 돌리듯 돌리고 굽혔다 펴며 사전 운동을 시켜줘야 한다. 변함없이 한 방향을 바라보게 해주는 것이 마음풀기다. 마음과 몸이 스탠바이 되었다고 해도 한 번에 끝을 보려고 할 필요는 없다. 힘에 부치면 잠시 딴청을 부리며 쉬어도 된다. 곱게 물든 단풍나무 아래서 엉덩이에 단풍잎을 깔고 앉아 멍한 공백 속에서 시간을 보내도 좋다. 햇빛을 반사시키며 시리게 빛나는 수면을 바라보며 충혈된 눈을 씻는 것도 괜찮다. 노란 산국이 무더기로 피어있는 언덕 앞에서 쪼그리고 벌름벌름 콧속을 호강시키는 것은 게으른 짓이 아니다. 천천히 가도 된다. 멀리 가야 할수록 서두르지 않아야 한다.

누군가에게 순간이란 말은
짧고 단말마 같을지 모른다.
누군가에게 순간이란 말은
한정 없이 길고 지루할지 모른다.

나에게 순간은 멈춤이다.

情주의보

하염없다는 말의 억양이 포개지고 포개진다. 오자마자 흩어지는 눈은 어설프다. 온대로 다 쌓여서 사람들의 발길을 고립시키는 폭설은 거추장스럽다. 내리면서 조금씩 녹기도 하고 반쯤은 쌓이는 눈이 좋다. 이런 날이면 기온이 급강하 하지 않고 제법 온화해서 눈 오는 날의 정취를 제대로 누릴 수 있기 때문이다. 오전부터 가볍게 눈 부스러기들이 플라타너스 넓은 잎에 내리기 시작하더니 주의보가 발령될 만큼 뿌옇게 시야를 가리며 내린다. 눈의 무게를 이기지 못하고 억척스럽게 붙잡고 있던 가지 끝을 놓친 나뭇잎들이 바닥에 떨어진다. 설렁설렁 나무들 사이를 걷다가 머리가 축축해진다. 전화기를 꺼내 들고 연락처들을 훑어본다. 이런 날씨엔 꼼장어에 소주 한 잔이 고프다. 정을 주고받고 싶다. 수많은 이름들이 저장되어 있지만 선뜻 누르지 못하고 최근 기록을 살펴본다. 자주 통화하지 않았던 사람에게 불쑥 전화하는 것은 서로 부담이다. 그제도, 어제도 서로의 시시껄렁한 안부를 물었던 이의 전화번호를 길게 누른다. “형님, 방금 나도 전화하려고 했는데 텔레파시가 통했네!” 소탈한 목소리가 반갑게 맞아준다. 마음이 고파서 허전해지면 아무렇지 않게 “가슴이 비어서 배고프다. 마음 뜨거워지게 소주 한 잔 하자.” 고 넌지시 말해도 흔쾌하게 “나도 그래요.” 응답해 주는 이에게 눈꽃 한 다발 뭉쳐 들고 가야겠다. 호들갑스럽지 않아서 편안하다. 정주의보를 등화 시키는 어둠이 내리기 시작한다.

치유는 느릴수록 단단해지고
재발하지 않는다.
천천히 가다 보면 숨차지 않아도
어느덧 멀리 가 있게 될 것이다.
마음에 난 상처를 치료하는데
시간을 아낄 필요는 없다.
괜찮다.
느려도 나를 위한 시간을 향해 가고 있으면 된다.

마음이 고파서 허전해지면 아무렇지 않게
"가슴이 비어서 배고프다.
마음 뜨거워지게 소주 한 잔 하자." 고
넌지시 말해도 흔쾌하게
"나도 그래요." 응답해 주는 이에게
눈꽃 한 다발 뭉쳐 들고 가야겠다.

더라는 추임새

입추가 지났는데도 막강한 열기는 식지 않는다.
열대야를 이길 수는 없다.
열을 흠뻑 빨아들이면서 그냥 앙당그리면서 견딘다.

시련은 이기는 것이 아니다. 적응하는 것이다.
그럼에도 이기려는 마음이 지나쳤을까.
에어컨과 선풍기의 냉기와 바람이 오히려 잠을 설치게 한다.
더위를 피해볼 심산으로 켰다 껐다를 반복한다.

오래 켜두면 서늘함이 불쾌해진다.
그렇다고 끄고 나면 눅눅한 습기가 불쾌해진다.
이래저래 피하지도 못하고 적응함에도 실패를 한다.
온도와 습도의 고저를 견디다 괜스레 머리가 무겁고 아프다.

받은 만큼만 누리고
되돌려 주며 살고 싶다는 생각에는 변함이 없다.
더라는 추임새 때문에 복잡하게 꼬여 살게 된다.
공연한 인내를 해야 되고 안간힘을 들여야 한다.
조금 더 받고 누리려다 번거로움에 빠진다.
이제부터는 덜 받고 덜 주면서 작고 낮게 살아야겠다.

덜어내는 시간 속으로

다 비우는 것도 아니고 전부를 버리는 것도 아닌데
처음엔 두렵다. 다음엔 적개심이 일어난다.
보태려고 애를 쓰며 사는 시간에 익숙하기 때문이다.
내가 가진 것을 허물어서 덜어낼 생각을 못했다.
나만이 그렇다고 할 수도 없다.
그렇다고 모두가 그렇다고도 하지 못한다.

덜어낸다는 것은 종종 빼앗기는 것으로 받아들여진다.
남의 것을 덜어내는 일은 무덤덤하게 자행을 한다.
정작 내 것을 덜어내면 억울해 미칠 지경이 되면서.
얻어내기 위한 시간에 충실하면서 살았기 때문이다.
욕심과 욕구는 채움의 바탕을 견고히 이룬다.

모양과 부피를 가진 물질에만
해당되는 것이 아니다.
마음도 채우는데 급급했다.
허전함을 참지 못했다. 외로움을 못 견뎌 했다.
모자람을 채우려다 모자람이 넘치고 말았다.

넘치면 병이 난다.

깨지고 부서진 다음에 산산이 흩어져 봐야 속절없음을 안다.
지키려 하면 할수록 소중한 것도 부질없게 된다.
덜어낸다는 건 털어버리는 것임을 깨닫는다.
지킬수록 내 것이 아니다.
애당초 내가 품었던 것은 없었다.
개구리밥같이 고인 물에 퍼지는 집착으로부터 독립해야 한다.

배고파

생소한 말이다. 나에게는…….
나는 배가 고프다는 느낌을 잘 못 갖는다.
하루 삼시 세 끼는 나와 궁합이 맞지 않는다.
한 끼 정도면 생각이 나긴 하겠다.

배고파,
누군가 옆에서 꼬르륵거리면
밥 먹자, 라고 말은 하지만
별로 절박하지는 않다.
먹어도 그만 안 먹어도 그만이다.

어제도 그랬고, 그제도 그랬고.
먼 그날에도 그랬으니
오늘도 그럴 것이고, 내일도 마찬가지일 테고
또 다가올 그날도 그럴 거다.

배고프고 싶다.
간절히 먹고 싶다는 느낌을 갖고 싶다.
살고 있다는 것을 붙잡고 싶은 것일지 모른다.
누구라도 붙들고 싶은 것이다.

순간의 넓이

누군가에게 순간이란 말은 짧고 단말마 같을지 모른다.
누군가에게 순간이란 말은 한정 없이 길고 지루할지 모른다.

나에게 순간은 멈춤이다.

너무나 넓고 깊고 길어서
움직일 수가 없다.

모든 순간이 나에겐 내가 빠진 함정이었다.
허우적대면서도 빠져 나오고 싶지 않은 바다였다.

너무 진하지 않게, 너무 묽지 않게

지나치면 조금 모자람만 못하다.
조금 모자라면 모자람을 보태서 적정하게 맞춰갈 수가 있다.
그러나 이미 지나쳐버리면 덜어내거나 아예 버려야 한다.

너무 많이 가지려 하지 말자.
다행스럽게도 작은 것을 여럿으로 나눠 가지고 있다면
나눠줄 수 있겠지만
큰 덩어리로 뭉쳐 가졌다면
떼내어 줄 수 없는 것들이 대부분이다.

마음은 나눌 수가 없다.
쪼개서 여럿으로 갈무리 할 수가 없다.
있으면 한 덩어리로 있고
없으면 잡을 수 없는 곳으로 사라진다.

해도 해도 꺼지지 않는 열정은 과열돼서 화상을 일으킨다.
안 하고 안 하는 절제도 누르고만 있으면
아물다 설 낀 피딱지가 된다.
너무 진하지 않게, 너무 묽지 않게.
필요한 농도를 설정해놓고 살자.

이즈음에

나는 눈두덩이 부어서
이즈음을 부려먹는 짬을 고마워 한다오.
무기력한 게 막무가내여서
소리 없이 뒹굴거리고
등이 아프면 한쪽 다리를 들어
옆으로 몸통을 굴리면서
참으로 괜찮게 시간의 한 귀를
물어뜯고 있다오.
사력을 기울여 살지 말자고
세상과 통성명을 일일이 할 필요 없다고
거침없이 하고 싶은 일만 해대자고
무책임하게 나불댄다오.
이쯤에 나는 안하무인을 머리에 새기며
유유낙낙 하다오.

최고의 슬픔

죽음은 최고의 슬픔이다.
살아서 뒤를 지켜야 하는 이들에게 내려진 최악의 형벌이다.
헤어나오려 할수록 빠져드는 늪이다.
극복되지 않는다. 견뎌야 할 뿐이다.
시간이 약도 안 된다.
그저 위로가 되어주기를 바라는 답 없는 선문답이다.
최고의 슬픔이 퍼부은 저주에 묶여있다.
죽은 아내의 시간에 갇혀서 나는
비바람 강력한 태풍처럼 느리게 이동 중이다.

아버지

심난할 때 위로를 받고 싶어서
가슴 찔림이 있을 때 용서를 받고 싶어서
눈물이 나려 할 때 울먹거리고 싶어서
아버지를 찾아온다.
무덤은 늘 그 자리에서 그대로
못난 아들을 맞아준다.
〈아버지! 나 괜찮은 거지!〉

순간이 전부다

어제 밤에는 비가 갠 후 눅눅해진 길을 한정 없이 걸었다.
걷는 시간이 길어질수록 허벅지가 절여왔지만
이미 빠르지 않은 속도였으므로 속도조절은 하지 않았다.
다리가 아픈 것보다는
마음이 허전해서 속도에 변화를 주지 않았다.
느려지면 주저앉아버릴 것 같아서,
빨라지면 허전함마저 잊어버릴 것만 같아서.
같은 속도가 나를 지탱해주는 순간이고 전부였다.

이런 순간이 있다.
순간이 전부인 때가 있다.
순간을 탈없이 맞이해야 다음을 기약하게 된다.
살아가는 순간이 모여 생애가 된다.
그러므로 순간보다 긴 시간은 없다.

폭우

불꽃처럼 살려 했지.
아마 불티는 됐다고.
번개처럼 번쩍이고 싶어했지.
아마 요란은 했겠지.
그럴 수 있겠지 하고 자위하면서
감정을 뭉쳐놓고 살밖에.

불꽃도 번개도 천둥도 아닌
그저 지나가는 소낙비였다.
미칠밖에 미쳐야 존재가 존재일 밖에.

폭우나 되자고 해도,
홍수나 되면 어떨까 해도,
폭풍우가 지나가는 날이 되면
주눅이 들어 움직일 수가 없다.

see you again

바람이 불었어.

눅눅하더라.

비가 멈췄다고 알려주데.

소주가 싫어서 얼음을 사러 갔어.

제멋대로 얼려진 얼음덩어리를 컵에 담아

위스키를 가득 부어서

음,,, 향기를 맡고 살짝 한 모금 혀끝에 대봤어.

그날도 그랬어. 지우지 못할 거야.

너에게 위스키 냄새가 났지.

펄펄 끓어대는 땀내가 갈증처럼 술 향기로 맡아졌어.

마지막 순간에 내게 달큰한 술 한잔 건네고 싶었나 봐.

술병에 니가 웃는 것도 아니고

우는 것도 아니고

희한한 표정으로 나를 보네.

이대로 나 멍하니 살아갈 거야.

어쩌면 숨 쉬는 것도 슬퍼서 흐느적거릴 거야.

안녕이라고 하지 말자.

다시 봐.

이 말이 왜 이렇게 가당치 않고 눈물 나는지.

see you……

see you again.

죽음은 최고의 슬픔이다.

살아서 뒤를 지켜야 하는 이들에게 내려진

최악의 형벌이다.

헤어나오려 할수록 빠져드는 늪이다.

극복되지 않는다.

견뎌야 할 뿐이다.

가을의 서막

뜨거움이 줄었다. 살갗에 닿는 바람이 선선하다.
한낮의 햇빛에도 눈살이 찌그러지지 않는다.
좀작살나무가 진분홍 열매를 꽃처럼 물들여 낸다.
황매화가 봄인줄 착각하고 허술하게 몇 송이 꽃을 매달고 있다.

9월이다. 돌아갈 것들은 자취를 말고 있고
오고 싶어하는 물색들은 색깔을 입기 시작했다.
자줏빛 달개비가 꽃술을 이리저리 흔드는
가을의 서막이다.

깊어져야겠다. 한정 없도록 나를 파고들어야겠다.
막 살아도 거칠 것이 없는데, 더 조심스러워지는 이유는
마음이 순해지고 있기 때문이다.
차분해져 버린 삶의 태도가 밉지 않다.
포기해야 할 일들을 포기했고
누리고 싶은 일들 앞에서는 겸손해지고 있다.
가을이라서 참 좋다.

가을 들었다

철들지 못한 나날 속에 가을 들었다.
살아낸 시간들이 헛걸음이 아니었기를.
믿었던 사람들에게 빈 마음으로 새겨지지 않기를.
가을이면 돌이켜 보며
하늘을 향해 두 손 포개는 횟수가 많아진다.

바람을 잡고 있는 나뭇잎에 가을이 들어왔다.
들꽃 잎들도 낱낱이 가을 한 자락 잡고 있다.
소매가 부푼다.
눈가가 시원하다. 가슴이 청량하다.
철들지 말자.
철없이 기웃거려야 가을을 제법 탈 수 있다.

진한 비계냄새가 배어있는 후미진 돼지국밥 집에서
밥 먹고 나서며 기름냄새 가시게 우아한 찻집에 가자고
콧소리 홍홍거리는 목소리가
나뭇잎 흔들림처럼 아련히 들려온다.

그 시절에도 맞잡은 너와 나의 손가락 끝이
단풍잎인 듯 가을물이 들었을 거다.

그 순간으로

꼭 묻고 싶었다.
왜 나였는지.
너에게 나는 어떤 의미였는지.

이젠 부질없어져 버렸어도
아직 답은 받고 싶다.

우리의 사랑은 이처럼
어처구니 빠진 뒤늦은 출발이었을까.
잃어버린 맷돌을 찾아 나섰다.
어디 있는지 기억이 안 난다.

비가 오고 늦은 아침이다.
우산 버리고 뚜벅거리며 아스팔트 길을
팔 늘어뜨리며 걷다가
좀처럼 마주치지 못하던 달맞이꽃 앞에
멈춰서 나는 죽어가는지 살아가는지
대책 없이 궁금하다.

오늘은 아무 일도 벌이지 않고

누구의 연락도 받지 않고
마저 내 깊은 속으로 들어가야겠다.
그리하여 그러므로 그랬었다고
오늘을 아로새겨 놓아야겠다.

사랑한 맘이 있었었던 전부의 순간에
가 있으련다.

시간의 온도

세월이라고 말해놓고 나면 막막하고
추억이라고 불러놓고 보면 서먹하다.
막막하고 서먹한 정도가 시간의 온도다.

따뜻했거나 훈훈하기도
썰렁하거나 냉기가 돌기도 했을 거다.
일정한 온도를 유지할 수가 없다.
온도란 변화가 다반사여야 실감이 난다.

잘 살았고 또 못 살았다.
이별의 온도는 격정적이었고
사랑의 온도는 열정적이었다.
삶의 온도는 시간의 온도와 함께
오르락 내리락 가팔랐다.

지금의 온도에 나는 순응 중이다.
멀어져서도 안 되고
지나치게 근접해서도 안 된다.
데이거나 동상에 걸리지 않을, 그만큼의
뜨뜻미지근함을 유지하려고 한다.

서럽다고 하소연 해보고 싶다.
세월도, 추억도
그저 가슴 결연한 온도를 발산하고 있어서
아주 큰 봇물인 듯 눈물 난다고.

깊어져야겠다.
한정 없도록 나를 파고들어야겠다.
막 살아도 거칠 것이 없는데,
더 조심스러워지는 이유는
마음이 순해지고 있기 때문이다.
차분해져 버린 삶의 태도가 밉지 않다.
포기해야 할 일들을 포기했고
누리고 싶은 일들 앞에서는 겸손해지고 있다.
가을이라서 참 좋다.

이제 모두 편안해졌으면 좋겠네요.

화살같이 쏘아져 나가는 시간들에게서

많이 힘들고 방황하며 살았습니다.

내가 알고 있는 이름들을 불러봅니다.

가을비가 오면 그리움 뒤에 숨는다

막걸리와 사이다를 섞어 마신 뒤에 나선 아스팔트 위에
점점이 빗방울이 검게 자국을 새긴다.
큰일이다. 가을비가 내리는 날엔 심하게 고질병이 도진다.
터럭 같은 바람결에도 최고의 깊이로 그리움이 스며든다.
가는 빗줄기 끝에서도 아련한 통증이 일어나 거대하게 번진다.

우산을 기울이고 왼손을 뻗어 빗소리를 잡아본다.
무딘 삶이 아니었을 것이다.
돌아볼수록 아쉽고 다시 찾아가고 싶은 시간 속에서
앞을 보고 서 있다고 나를 설득한다.
살아가기 위한 동력을 가슴에 전달하기 위해서.

비가 온다. 가을비다.
남은 시간을 단단히 하라고 마음을 착착 두드린다.
멀어질수록 그리움이 깊어지듯,
간절할수록 떨어져 있는 거리가 무의미해지듯
바닥에 고이고 있는 빗물을 밟고 축축하게 젖는다.

가을비가 오면 그러모을 수 있는
부스러기 같은 생의 상처들, 전부를 안고
나는 그리움 뒤에 숨는다.

다른 말

내내 평안했는가요. 그리움이 깊어야만 찾아옵니다.
성가시게 기세를 세우던 퇴약볕이 여물어 가을빛이 되었네요.
쇠때기 풀도 깎여 무성함을 잃었군요.
멀리 보이는 산이 눈앞까지 와서
그림자를 구름 속에 심어놓고 물러갑니다.
토종 알밤이 떨어지는 소리가 풀섶을 흔들어댑니다.
고추가 붉어졌고 고구마 줄기는 시들해져 갑니다.
무덤 주변을 지들이 전담해 지킨다는 듯이
의기양양 푸름을 유지하며
듬성듬성 삐져나온 잡풀을 손으로 뜯어내다가
주절주절 속말을 해봅니다.

"이제 모두 편안해졌으면 좋겠네요. 화살같이 쏘아져 나가는 시간들에게서 많이 힘들고 방황하며 살았습니다. 내가 알고 있는 이름들을 불러봅니다. 하린이, 하빈이, 어머니, 은영이, 선영이. 끝내 멀리할 수 없는 가족이란 이름 앞에 가슴 뜨거워집니다. 무탈하게 사박사박 자신들의 위치에서 살아가기를. 아버지가 지켜주세요. 저도 새로운 인연들을 만들어 가며 참하게 살아보겠습니다. 오열 없이, 분노도 없이 차분하게 오늘은 전과는 다른 축원의 말을 합니다. 마음 가볍네요."

그리울 때마다 또 올게요.

설거지 소리

차례가 끝나고 이른 아침을 먹은 후
늙은 어미는 부엌에서 설거지를 한다.

그릇 소리의 울림이 쓸쓸하다.
낮은 천장을 공명시키며 물소리가 투박하다.
가을이 서걱거리며 창문 틈으로 들어온다.
한껏 여유를 부리며 지난밤에 환한 빛을 내려보내던 달은
차갑게 식어 투명한 하늘 가운데에 빤히 멈춰있다.

수세미가 일으키는 거품 소리,
남은 음식을 모아 담는 반찬통 소리,
어미의 다리 끌리는 소리, 마른 기침 소리.
설거지 소리가 다채롭기도 하다.

바닥 모를 짠한 소리에 정이 깊이 스며 나온다.
살아있다는 따끈한 소리다.

지금은 어때!

'지금은 어때!' '그냥 그래'
'그때 그 말들 생각하고 있니?' '아니, 다 잊어버렸어'
'아프지 않고 살겠다고 반복하고 반복했는데.
잊을 수 없는 맹세였던 거 아닌가!'
'대찬 맹세일수록 더 지켜내기 어렵더라고'
'아직도 그 순간처럼 아프다는 말로 들려'
'아니, 모르겠어. 아픈 건지. 안 아픈 건지.
오늘이 그날 같고, 그날이 지금 같아'
'많이 아프구나'
'아프지 말자고 할수록 아파서
그냥 아프면 어때! 막무가내로 사는 거지'
'많이 슬프구나'
'처연한 미소로 보지 말아줘.
그런 표정이 더 쓰라리게 하는 거야'
'사랑처럼 잊기 버거운 사건이 없지. 이해해'
'맞아. 몸 속을 돌고 있는 피를 다 뽑아내야 잊혀지기나 할까?'
'……'
'지나간 사랑은 소멸되지 않는 상흔으로 살아있거든'
'끝내 이러겠네'
'그럴 테지. 이런 생도 질리지 않네! 살만해'

'그래도 잊지 마. 자신을 사랑해야 살 수 있다는 걸'

'지독히도 나를 사랑하니까, 이렇게 버티고 있는 것 아닐까?'

'다행이다.'

'괜찮아. 잘 지내고 있고 잘 지낼 거야'

〈그대 떠나 보낸 지 시간이 사뭇 지났어도 영정 앞에서 자꾸만 주고 받는 나와의 말장난으로 헛헛함을 쓸어내리며 피식 웃음이 난다.〉

잘 살았고 또 못 살았다.

이별의 온도는 격정적이었고

사랑의 온도는 열정적이었다.

삶의 온도는 시간의 온도와 함께

오르락 내리락 가팔랐다.

비워지지 않는 기억

기억을 지우려고 무리수를 던지며 당치도 않는 과제를 준 것은 아니다. 뇌세포마다 각인 되어 있는 기억은 지우겠다고 지워지지 않는다. 다만 비워낼 수는 있겠거니 희망을 품었다. 그러나 지운다는 것과 비운다는 것의 혼동 속에서 더 새롭게 차오르기만 했다. 기억은 지우는 것도 비우는 것도 아닌가 보다. 망각이란 복된 축복이 없는 한.

영면을 위해 육체를 살라 이승에서의 흔적을 정리한 십일월은 길고 길다. 마른 꽃송이를 들고 아내의 영면 속으로 들어갔다. 아무것도 볼 수 없었다. 살아있는 사람이 볼 것은 없으리라. '보고 싶다, 아프지 않겠지, 아쉬움도 서운함도 잊어, 행복도 불행도 잊어, 지금 니가 있는 곳이 낙원이기 바래.' 중얼거림을 남긴 채 돌아 나왔다.

십일월엔 십일월의 이별이 새겨진
매서운 바람이 불 수밖에 없음을 받아들인다.
다시 누군가를 앞서 보낼 일이 없기를.
남겨진 슬픔을 다시 되풀이하지 않기를.
불덩이 같은 눈시울을 비비지 않아도 되기를.

십일월에 한 이별

이별을 준비하기 시작했고
끝내 이별을 해버린 십일월의 마지막 날이다.
다음이란 기약은 할 수가 없었다.
생명이 빠져나가는 순간
연장할 수 있는 시간이란 있을 수 없다.
숨이 내쉬어지지 않는 가슴을
투닥거리며 받아들여야 했다.
이른 첫눈이 오는 날이었다.
지금도 병원 앞을 지나가지 못한다.
근처에 갈 일이 있으면 먼 길로 돌아서 지나간다.
아직도 이별을 완전하게 받아들이지 못해서다.
매년 십일월이 오면
첫눈이 되어 올 잊혀지지 않는 사람을 맞이해야 하리라.
자정이 지날 때까지 오금이 저리고
피가 통하지 않아도 있는 힘껏
십일월을 끌어안고 있어야 한다.
헤어지려 하지 않았지만 헤어져버린
십일월을 놓지 못한다. 놓을 수 없다.

이별의 완성

눈이 침침해진 건 너와의 이별이 시작되면서부터였다.
앞이 깜깜해진다는 말, 가슴에 와 닿더라.
보이는 것인지, 안 보이는 것인지 모든 사물이 흐려졌다.
불명한 형체들이 눈앞에서 아른거리며 초점이 잡히지 않았다.
마른 눈이 아파서 손등으로 문질러도 보고
점안액을 넣고 일부러 싸하게 눈물을 만들기도 했다.
그러나 잠시 감았던 눈을 떠봐도
떠난 것인지, 그대로 있는 것인지
너의 위치를 잡아낼 수가 없었다.
눈에 보이지 않아야 이별이 빨라진다고 믿었다.
머리가 만든 생각도 가슴이 밀어내는 울렁임도
눈을 통해서 발산하는 것이다.
눈은 이별의 통로다.
때를 가리지 않고 왈칵 거리는 눈물이 멈추면
너로부터 놓여지는 시간이다.
통로가 막혀야 이별이 완성된다.

부산행

그때 니가 한 말.
나 아파.
엄살인줄 알았다.
부산행 기차에서였다.
긴 하루를 보내고
우리에겐 말이 없어졌다.
그 뒤로 부산엔 갈 수가 없었다.
이제 가봐야겠다.
해운대의 밤바람과
달맞이고개의 가로등에 깔아놓은
너의 체념을 주우러 가야겠다.
너를 마지막으로 챙길
불멸의 사명 같은 거다.
너와 나의 운명이 엇갈린 부산,
그 밤 열차를 타야겠다.

한 끼의 무게

한 시간 정도 워킹패드를 걷는다. 런닝머신에 비해서 단조롭다. 느린 속도의 한계 때문에 지루하다. 천천히 걷다 조금씩 속도의 변화를 주고 가끔 뛸 수 있어야 운동의 효과가 높아지겠지만 워킹패드는 일정한 속도 이상을 구현하지 못한다. 층간 소음의 문제 때문에 런닝의 기능이 있다고 해도 무용지물이다. 운동이라고 공동아파트 실내에서 강도를 높여야 얼마나 효과를 볼 수 있겠나 싶기도 하다. 내 한 몸 조금 좋아지겠다고 아래층에 사는 사람들의 심신을 괴롭힌다면 마음 불편함이 오히려 운동의 역효과를 가져오게 될 일이다. 그럼에도 불구하고 아무것도 하지 않고 멍하니 텔레비전만 바라보는 것보다는 사뿐사뿐 걸으면서 시간을 달래는 것이 좋을 것이라는 생각에 해외직구를 통해 저렴하게 집안 식구를 하나 늘렸다. 실내 공간을 같이 점유하는 존재면 밥을 같이 먹지는 못하더라도 눈이 가고 손때가 묻어 정이 들어 가는 식구다.

걸으면서 눈은 텔레비전에 고정되어 있음에도 잡념들을 끌어올렸다 내리면서 한 시간 동안 세상의 끝과 삶의 끝을 갔다가 왔다 한다. 워킹패드 위에 있으면서도 산책할 때 경험하는 상념의 바다에 빠져드는 효과를 본다. 자주 사용할 것 같은 좋은 예감이 든다. 미세먼지 농도가 아주 나쁨 수준에 이르는 날이 많다. 오늘도 그렇다. 하늘이 뿌옇다. 마치 새벽녘 안개가 지면을 향해 내려오는 순간처럼 보인다. 이런 날 산책한답시고 실외로 나가 걷다가는 숨이 막혀 쓰러질지도 모를 일이다. 한 사람을 보내는 일은 그가 남긴 모든 흔적도 같이 보내는 일이다. 한 사람을 잊는다는 것은 그가 남겨두고 간 마음까지도 놔주어야 한다. 많은 날들이 소요된다. 지독한 침울함과 절망에 빠져들었다 나와야 한다. 세상에서 가장 아픈 날들과 오랫동안 타협을 해야 한다. 사랑한 사람을 보내주고 제법 많은 시간이 지났다. 그러나 어제가 오늘 같고 오늘이 그날 같아 아직 그 사람을 보내주었다고는 말 할 수가 없다. 지나온 시간으로 갔다가 돌아오기를 반복하면서 앞을 향해 걷는 것인지 뒷걸음을 치는 것인지 분간이 되지 않는다.

이것도 몸을 쓰는 운동이라고 배가 고파온다. 위장에서 꾸루룩 소리가 나고 막혔던 속이 풀리는지 뿡뿡 방귀도 나온다. 이래서 몸의 정직함에 대항할 수 없는가 보다. 체면을 아무리 차려도 배고픔은 참을 수가 없다. 몸 속에서 소리로 보내는 신호를 무슨 수로 막을 수 있겠는가. 누군가 나에게 그랬다. 한 끼의 무게에 대한 의미를 져야 한다고. 〈살기 위해서 먹지 말고 먹기 위해서 살아라.〉 곰곰이 생각해 그 의미를 추려내 본다. 살려고 먹는 것은 처참하다. 먹고 싶은 것을 먹고 싶을 때 먹을 수 있는 삶을 살아야겠다. 잘 먹고 살기 위해서 살자. 살기 위한 몸부림으로 먹지는 말자. 그 고역스런 섭취를 다시는 보기도 싫고 경험하기도 싫다. 살아야 한다는 집념으로 먹는 것이 아니라, 당연히 살아가기 위해서 먹어야 한다는 것이 먹기 위해 사는 한 끼의 무게일 것이다.

일몰의 시간 속에서

늦은 아침의 허기를 때우고 커피 한잔 손에 든 채 아내의 영면을 만나러 갔다. 제법 오랜만에 찾아왔다. 달라진 거라곤 자리를 메운 영면의 사람들이 늘었다는 것. 눈 붉힌 사람들이 평소보다 많다는 것. 마주할 때마다 나의 대화는 비슷비슷하다. '난 괜찮아. 얼추 시간과 잘 맞서고 있다. 너도 그곳에서 너의 시간과 잘 마주하고 있는 거지. 거기에선 하나도 아픈데 없이 편한 거지.' 의자를 끌어다 놓고 앉으면 일어날 수 없을 것 같아서 짝다리를 한 채 물끄러미 사진 속의 눈동자와 눈을 겹치기만 한다. '다음에 또 올게. 잘 있어. 다음이 조금씩 길어졌으면 좋겠어.' 문을 젖히고 나오면서 먹먹한 가슴도 젖힌다.

흔들림이 괴롭힐 때마다 찾아갔던 마량항을 향해 차를 이동시켰다. 해가 났다 사라지기를 반복하는 하늘이 오락가락 하는 심정과 같다. 고속도로를 피해서 국도로 방향을 잡았다. 규정속도를 지키며 하위 차선으로만 간다. 바쁠 것도 없다. 서둘러 본다고 더 좋을 것도 없다. 추월해 가는 차들에게 눈길을 줄 이유도 없다. 대전현충원을 지나 동학사 입구 박정자 삼거리를 지나 금강 줄기를 건넜다. 공주에서 논산으로 가는 자동차 전용도로에 접어들면서 기어이 싸락눈이 내린다. 그럴 줄 알았다. 네비게이션을 켜지 않아서 논산에서 부여로 빠지는 나들목을 지나쳤다. 멀리 돌아 부여 외곽을 지나서 서천으로 들어선다. 평소 다니던 길이 아니다. 논 사이를 지나고 몇 개의 저수지를 지났다. 싸락눈은 서천에 들어서면서 함박눈으로 바뀌었다. 잃어버린 길이 눈 속에 파묻힌다. 어쩔 수 없이 네비게이션을 켠다. 안 될 것 같으면 빨리 고집을 버려야 한다. 사서 고생해봐야 얻어지는 것은 고생했다는 별 볼일 없는 무용담뿐이다.

눈발 날리는 바다가 보인다. 물오리 떼가 해변에서 움츠린 채 움직임을 멈추고 있다. 정박된 어선도 한 마리 물오리처럼 어깨가 처져 있다. 홍원항 입구를 지나 마량포구에 들어섰다. 해넘이와 해돋이 행사를 한 흔적이 고스란히 남아있다. 차를 세우고 방파제에 올라섰다. 안면을 향해 맹렬히 달려오는 눈의 기세에 전진하기가 버겁다. 아무리 그래도 여기까지 눈길을 뚫고 왔는데 아스라히 형체가 보이는 등대까지는 가야 했다. 저 끝에 서서 내 떨림을 바다에 던져 넣어야 오늘의 여정을 마칠 수 있다. 방파제 위에 올라선 사람은 나뿐이다. 나를 위한 완벽한 무대를 함박눈이 선물해 준 것이다. 운이 좋다. 등대는 작년에도 그전 해에도 그대로다. 그래서 이곳이 좋다. 변하지 않고 나를 받아준다. 멋대로 살다가 와서 냄새 나는 생의 편린들을 게우고 가도 다음을 또 댓가없이 받아내 준다. 다만 함께 발을 맞춰오던 사람이 없이 올해에는 처음으로 혼자 청승을 떠는 것이 어색하다. 바람이 굳세다. 뱃고동을 울리며 등대 사이를 배 한 척이 지나간다. 이런 날씨에도 삶의 짐을 내려놓을 수 없나 보다.

국밥 한 그릇 시켜놓고 허름한 탁자에 허름하게 앉았다. 눈이 날리는 바다가 보인다. 이만하면 최고의 운치를 맛으로 먹어도 클라스가 떨어지지 않겠다. 속이 허할 때에는 국밥이 최고다. 뜨거운 국물 한 수저 후후 불어 목으로 넘기면 온몸이 따뜻해진다. 몸이 따뜻해져야 마음도 놓인다. 사랑도 그렇다. 뜨거울 때 온 정신을 중독시켜 놓아야 한다. 은근한 사랑이 오래 지속된다는 말은 불타는 사랑을 하지 못한 사람들이 체면차림으로 사랑을 소유하려고 하는 오기에 지나지 않는다. 동의하거나 말거나 각자의 지론으로 사랑은 존재하면 된다. 똑같은 사람이 없듯 똑같이 이뤄지는 사랑도 없다. 천천히 국물과 밥 알갱이를 넘긴다. 자욱한 눈이 세상을 감싼 새해 첫날부터 식당문을 열고 드문드문 오는 손님을 기다리며 주방에 앉아있는 나이든 여주인이 바다를 보던 눈을 돌려 나와 동공을 마주친다. 공허하다. 바다가 통째로 눈동자 속에 들어차 있다. 소주 한 잔이 간절하다. 운전대를 잡아야 하니 애꿎은 물잔을 빙빙 돌린다. 이렇게 살아도 될 것 같다. 때가 되면 떠나간 사람을 추억하며 그 기억들을 찾아다녀도 좋을 것 같다. 잊으려 했지만 잊혀지지 않는다는 현실을 받아들인다.

해가 지려나 보다. 오전부터 이곳 저곳을 기웃거리면서도 마량을 떠나지 않았다. 아직 여기서 하지 못한 말이 남아 있었다. 일몰의 시간 속에 다시 방파제에 올랐다. '어디에 있든, 무엇으로 있든 너에게서 나는 한 발도 멀어질 수 없다. 옆에 있을 때도 사랑했고 돌아오지 못할 곳에 있는 지금도 사랑한다.' 어두워지는 바다가 사납게 운다. 이제 돌아가 살 날들을 살아가라고 한다.

미안해

기운 달빛이 깨지는
초저녁 여덟 시 이십삼 분.
잔바람이 지나가다 떨어지지 않은
나뭇잎에 걸려 옴짝 못하고
사십 도를 찍어놓은 보일러가
팽팽 돌아도 춥다.
올릴 수 있는 모든 수단을 다해
온도를 존중해줘도
체내로 침투된 열기는 부족하다.
니가 없는 열대야일 뿐이다.
사라져가는 극지의 빙산이다.
미안해, 늦게 안아줘서.
사랑한다는 단어가
목에 걸려 있어서.

후회가 후애(後愛)를 부른다

즐거웠던 시간이 훨씬 많았으리라.
다정했던 시절이 더 많았으리라.
그렇지 않다면 생이 억울하고 억장 무너진다.
그러나 떠오르는 시간은 못되게 굴었던 순간뿐이다.
아팠던 기억만 상기된다.
나는 너를 끝내 지키지 못난 사랑일 뿐이다.

기억들이 후회를 하도록 이끌어 간다.
밥을 먹다가도 숟가락을 쥐고 팔이 저린다.
운전을 하다가도 시야가 멍해진다.
찬란한 가을 하늘을 올려다보며
나는 후애를 한다.
시리도록 가슴 푸르게 멍이 들어간다.

아직 멀었다.
후회 뒤에 도사리고 있는
사랑을 잊게 되기까지는.

에필로그를 살겠습니다.

잘 살았다고만 우기지 않겠습니다.
못 살았다고 자책만 하지 않겠습니다.
어느 한 쪽만 살았던 것이 아닙니다.
뿌듯했던 기억 뒤에 아쉬움이 숨어 있고
후회 하기 전에 보람찬 기운을 앞세우기도 했습니다.

살아 온만큼 뒷 이야기를 새기며
내가 나였던 시간을 마무리하도록 하겠습니다.
한 번도 나를 포기한 적이 없다는 것을
후일담에 남겨놓겠습니다.
끝의 끝을 맺듯 담담하게 에필로그를 살겠습니다.